Reihe Hanser 92

Alfred Jarry · Der Alte vom Berge

Lange war Alfred Jarry (1873–1907) in Deutschland ein »Geheimtip«. Sein schriftstellerisches Werk, mit dem er die europäische Literatur des 20. Jahrhunderts entscheidend beeinflußt hat, das aber schwer zu übersetzen war, blieb fast unbekannt. Klaus Völker hat schon vor Jahren als einer der ersten in Deutschland Jarrys Bedeutung erklärt. Wie schon die Ubu-Stücke (Reihe Hanser, Bd. 43) gibt er auch diesen Band heraus. Die Gedichte, Kurzdramen und Prosastücke, die alle neu und von so wesensverwandten Schriftstellern wie Ludwig Harig und Eugen Helmlé übersetzt wurden, zeigen die ganze Eigenart von Jarrys Kunst. Der Anhang erklärt die von Jarry in die Welt gesetzte Wissenschaft von der Pataphysik, die »sich zur Metaphysik verhält wie die Metaphysik zur Physik«, durch Beiträge von Julien Torma, Raymond Queneau und Boris Vian.

Reihe Hanser 92

Alfred Jarry

Der Alte vom Berge

Gedichte, Dramen, Prosa
und ein Anhang
»Was ist Pataphysik?«

Deutsch von Anneliese Hager, Ludwig Harig,
Eugen Helmlé und Klaus Völker
Herausgegeben von Klaus Völker

Carl Hanser Verlag

Titel der Originalausgaben
siehe Anmerkungen

ISBN 3 446 11563 3

Ausstattung:
Heinz Edelmann
Gesamtherstellung:
Friedrich Pustet,
Regensburg
Printed in Germany

Inhalt

Künstliche Paradiese

Gott oder ich selbst haben alle möglichen Welten geschaffen, sie existieren miteinander, aber die Menschen können nicht einmal eine unter diesen allen sehen.
Caesar-Antichrist, IV, 7

Trauergesänge

I *Das Wunder des Heiligen Sitzenden*

Auf der ganz weißen Leinwand des großen tragischen Himmels bewegen sich die schwarzen Tausendfüßer der Leichenzüge vorbei, ähnlich den Gläsern einer einförmigen Laterna Magica. Das Rumoren des Hungers tönt in den hohlen, den so hohlen und so ungeheuer großen Ohren.
Seine fröhliche Glocke baumelt an seinen Fingern, die Erde mit Hohngelächter überschüttend. Und große wilde Wölfe und gefährliche Raben sitzen ihm auf den Fersen. Das Rumoren des Hungers tönt in den hohlen Ohren durch die düstere Stadt.
Friedhofskreuze, erheben wir unsere ungelenken Arme und bitten den Himmel, uns von diesen Arbeitern zu befreien, die pausenlos auf unseren eisigen Wurzeln herumhacken. Gibt es denn keinen Heiligen, der bei Gott, unserem Vater, in Gunst steht, um einzuschreiten?
Friedhofskreuze, hat denn eure zu kleine Menge den Granitblock vergessen, der verlassen in einer Ecke eures Geheges steht? Sein Bartfluß reicht bis zum Knie und löst aus, löst seine Schlagwelle aus, seinen Steinschlag.
Und die Steinfluten bedecken ihn völlig. Auf seinen harten Oberschenkeln ruhen seine unter den hellen Gestirnen leuchtenden Ellbogen, für immer festgefügt. Und das ist ein großer Heiliger, weil er als Sitz einen schönen Weihwasserkessel hat, einen Ehrensitz.
Er ist namenlos. In einer abgelegenen, den Menschen nicht bekannten Ecke reichen ihm allein die weißen Kreuze die Klage ihrer in die Höhe gereckten Arme. Der Rabe, der den zwerghaften Irrtum stiehlt, krächzt dazu das Schimpfwort für den guten gebückten Heiligen: Alter Heiliger Sitzender.
Friedhofskreuze, reichen wir ihm die Klage unserer in die Höhe gereckten Arme: damit diese Arbeiter, die unsere Wurzeln töten und die Gräber durchschnittener Schlangen bevölkern, mit über der Brust gekreuzten Armen untätig die Todesfackel betrachten, die von nun an erloschen ist.
Und damit der Hunger sein schwarzes Gefolge von großen reißenden Wölfen und gefährlichen Raben wieder unter die

Erde führt. Damit überall das Weiße auf das Schwarze folgt. Damit das große meergrüne Auge des Himmels Mitleid empfindet, indem es auf die Menschen mehlweiße Tränen vergießt.
Und die Kreuze ließen die Arme ausgestreckt, weiße Strahlen vom farblosen Schatten schneidend. Plötzlich glitzerten weiße Tränen auf dem Schatten. Die Wolken sind große Säcke, die himmlische Müller ausleeren. Das Manna bleibt an steilen Giebeln hängen.
Das Manna färbt die rötlichen Dachziegel weiß. Ein bis zum Horizont weißes Tischtuch entfaltet sich zum Essen auf der ganzen Erde. Und in weiß selbst er, der Heilige Sitzende hat sich in weiß gekleidet; in weiß gekleidet wie ein Bäcker.
Und die Menschen schöpfen schwere Schaufeln voll hellen Mehls, das der fröhliche Wind ihnen ins Gesicht peitscht. Friedhofskreuze, da man unsere Bitten erhört hat, wollen wir zusehen, wie der Aufbruch erfolgt, der beschämte Aufbruch des schwarzen Gefolges . . .

. . . .

Der Hunger ist da. Das Rumoren des Hungers tönt in den hohlen, den so hohlen und so ungeheuer großen Ohren. Und der Schnee breitet sein Leichentuch über die kalte Stadt aus, damit Gräber ausgehoben werden . . . Das Rumoren des Hungers tönt.

II *Die Klage des Alrauns*

Das ist ein rothaariges Männchen, das ein Windstoß zu Fall bringt und zerfetzt. Seine Arme sind ausgerenkt und seine Finger abgetrennt. Der Erdboden hält ihn an den Füßen gefesselt. Ein Schlüsselbund hängt am Galgen, dem Triumphgerüst.
Bedeckt mit Reif, kann er seine ständig hoch erhobenen Arme nicht verschränken. Er kann nicht mit seinem fest verschlossenen Mund klappern . . . Kastagnetten sind die Zähne der Erhängten. Trampelt mit den Füßen an die Pfähle, Erhängte . . . Der Erdboden hält ihn an den Füßen gefesselt.
»Ich bin eine Pflanze und kann mich nicht hinschlängeln, wie Efeu hinschlängeln, wie Efeu auf die hohen Pfähle klettern. Der Erdboden hält mich an den Füßen gefesselt. Ein

Zwerg, den du, Mensch, mein großer Bruder, auslachst. Ich möchte Fledermausflügel haben.
Eule, die du mit deinen samtbehandschuhten Krallen deine Zeichen in die Toten eingräbst, nimm mich für dein Nest! Meine Füße sind Ghulen mit Schlangenhals, die Blut saugen, das köstliche Blut der Toten. Mein Leib ist ein Schlauch, der sich immer wieder mit Blut füllt.
Magier, deine Zauberbücher sind deinen Augen verschlossen. Meine Augen sind Knoten aus bizarrem Gestrüpp. In meinen Augen spiegelt sich das Innere der Erde. Meine Augen sind Seen; meine schweren Lider sind aus Stein, dem Stein der Weisen, die Goldströme vergießen.
Goldblättchen bedecken deine Steinplatten. Alles, was mich berührt, verwandelt sich in Gold. Die Augen der Eulen haben mich oft angestarrt: ewig ruhen sie auf dem Gold ... Komm und befreie mich; der Erdboden hält mich an den Füßen gefesselt.«
So klagt er unter dem zitternden Schatten der abgerissenen Erhängten; so klagt der in die Erde gepflanzte Zwerg. Der Windstoß trägt seinen Zikadengesang fort ... Hüte deine Schätze: ich komme, Männchen, und befreie deine Füße, aus Menschlichkeit.
Und hier ist meine Hand, die deine Hände sucht, deren ewige Anstrengung zum bleichen Zenit zeigt ... Doch seine stolze Hand flackert, mit höhnischer Gebärde, wie ein Leuchtturm; der Windstoß trägt sein Hohngelächter fort ... der Erdboden hält *mich* an den Füßen gefesselt.

III *Der Incubus*

Nachtlicht, rudere im Kelch der rosa Ölwogen, kentere im Kelch der fahlroten Ölwogen, schwirre im Kelch der Wogen von schwarzer Nacht und werde die Lampe eines Toten! Die Engel, die von den Sternen erleuchtet, wachen, nehmen ihre Lampen wieder mit.
Es schläft, und sein Körper, sein Körper aus Email mit sèvresblauen Adern, ruht sehr still im großen, düsteren Bett. Nachtlicht, rudere im Kelch der rosa Ölwogen und breite dein weiches Licht, deinen Duftschimmer, über das schlafende Kind aus.

Hört! Die Nacht zerknittert seinen Mantel. Irgendetwas hat auf der Fensterscheibe geschrien. Unruhige Schleier, zerzaust schnell eure Federflügel auf der meergrünen Fensterscheibe. Sterbendes Nachtlicht, kentere im Kelch der fahlroten Ölwogen.

Die Nacht ist wie ein grauer Regen hereingebrochen. Der Incubus ist wie eine Schnecke herangekrochen. Fensterscheibe, vergieße Tränen, bittere Absinthtränen. Und, Fenster, richte dein großes heiliges Kreuz auf, während eine starke Klaue sich hinaufschwingt und knirscht und Gesichter schneidet.

Scheußlich und schwankend hat sich die aufgebrachte Nacht übergeben, gleich einer schweren Woge, die an den Steinplatten eines Leuchtturms abgleitet und brandet. Die Fensterscheibe klirrt, und ihr Auge blickt bestürzt. Sterbendes Nachtlicht, kentere im Kelch der fahlroten Ölwogen.

Das Kind schläft. Sein Körper, sein Körper aus Email mit sèvresblauen Adern, ruht sehr still im großen, düsteren Bett. Nachtlicht, rudere im Kelch der fahlroten Ölwogen und breite dein schweres Licht aus Schwefeldämpfen über das schlafende Kind aus.

Die Fensterscheibe springt, ein Papierreifen. Ein Schneckenkörper schwingt im Schatten. Das Kind erwacht, und seine großen, in der Nacht geschwungenen Augenbrauen schlagen ihre Flügel nieder. Nachtlicht, schwirre im Kelch und werde die Lampe eines Toten!

Die Finsternis ist ein mit namenlosen Monstren gefülltes Netz. Die Sternfensterscheibe bannt an ihre helleuchtenden Punkte Nachtgespenster. Der Kelch ist nur eine Pechvase. Die Engel, die von den Sternen erleuchtet wachen, haben ihre Lampen gelöscht.

Opium

Während ich mit meinen vom Fieber heißen Lippen den sauren Kelch austrank, in dem das Vergessen schlief, schrumpften im klaffenden Sessel meine Leichenhände zusammen, und meine vergrößerten Augen, Augurenaugen, schweiften den weißen Himmel entlang, wo die reitenden Walküren in den volltönenden Spiralen der Ziegenmelker wenden.
Und mein Astralleib wurde, während er meinen irdischen Leib an der Ferse verwundete, zum Pilger und hinterließ in meinen Nerven Gitarrenklirren.
Und ich betrat ein riesiges Schauhaus, wo die Toten aufgebahrt schliefen, mit gekreuzten Armen, die rechte Wade an der linken Ferse, die Köpfe zur Brust gekehrt. Und Arbeiter – ob das wohl auch Tote waren? – reinigten sie lebhaft und vortrefflich mit dem Schwamm. Ihre riesigen Schwämme sind Gehirne, in denen sich Adernetze hinschlängeln. Und das Wasser erstarrt auf den erkalteten Toten wie dreckiger Firnis, aus dem Teichgrashaare zum Vorschein kommen; und das Wasser erstarrt endlos auf den Fliesen, und das Wasser rieselt in durchsichtigen Wänden und macht sie zu Vitrinen. Und trotzdem es ständig erstarrt und vereist ist, fließt es ständig.
Und mein Astralleib beschleunigte hinter ihm seine lautlosen Schritte. Es floß unaufhörlich, bergauf oder bergab, ohne die Gesetze der Schwerkraft zu beachten, damit es sich in eindrucksvollen Mengen ansammelte. Und ich sah eine Enge, wo eine nach der andern seiner Wellen sich aufbäumend meergraugrüne Treppen erklommen und aus dem Lot traten. Und ich schwang mich auf die Stufen, in nahe Berührung zu einer zahllosen Menge tretend, einer Menge in Aufruhr oder in Jubel, ohne, wie sehr auch immer das Eis grüne Tränen weinte, auf der so steilen Treppe auszugleiten, die ich wie eine Leiter umfaßte. Und oben wurde das ewig tiefe Wasser eben, wo die schweigenden Fischottern und die stummen Wasserratten die Schneckenlinien ihres Schwanzes wandten. Und ich stieg verdrießlich wieder herab, da mich die Menge daran hinderte, sie zu sehen; stieg wieder herab, wobei ich die Eisstufen küßte. Eine derartige Kälte drang da bis zu meinen Knochen vor, daß die Toten zu meinen Füßen, am

Ende der Stufen, mir lauwarm und lebend erschienen, trotz ihren angeklebten Wimpern und ihren speichelnden Lippen und ihren fest wie Schneckenhäusern geschlossenen Nasenlöchern; und am fernen Horizont schien mir mein irdischer Leib mit den Zähnen zu klappern und seine Tropfsteinrippen, ohne Kraft, sie wieder zu erwärmen, in seine Arme zu schließen. Und, wieder unten, blendete mich die Treppe aus Linsenglasstufen mit ihrem gelben Leuchten.
Und ein höflicher Angestellter, der die Toten wusch, sagte zu mir: »Hören Sie auf zu klagen, wir leben seit hundert Jahren nicht mehr; gehen Sie geradeaus den Gang entlang und zählen Sie die Jahre. Dreißig Jahre weiter werden Sie ein Schauhaus finden, wo die Dichter schnarchen, wo Telefone zu den Toten durch die Eiswände sprechen; wo Mörder durch Spezialfensteröffnungen gestehen.«
Als ich dreißig Jahre weiter einen Kupferknopf drehte, betrat ich einen Saal – so eine Art Telegrafenamt, – wo ich einem Mensch mit einem Federhalter hinterm Ohr, der mich fragte, was ich wollte, auf gut Glück die Antwort gab: »Ich komme wegen des Toten Nr. 4.«
»Der Beweis, daß Sie ihn getötet haben? Keine Papiere, kein Messer mit Fingerabdrücken? Macht nichts, ich verlasse mich auf Ihr ehrliches Aussehen; an der sechsten Pforte empfangen Sie das Geld, das er bei sich hatte.«
Und ich bestieg, nachdem ich dem Kassierer einen blauen Zettel zurückgegeben hatte, mit klingendem Geldbeutel einen Omnibus aus dem Land Opium –
der unter mir vor einem großen Käfig, an einem Pinienalleezaun, ohnmächtig wird. Und dort segnete und umruderte ein weißköpfiger Adler Turm um Turm und strebte den Winden zu, die seine unendlichen Flügel nicht durchwehten und grub mit seinen Rasiermesserfedern Furchen in den Schmutz am Boden seines Käfigs. Und er rollte seine aus Kokosnuß geschnitzten Augen, die denen ähnelten, die von Chamäleons angenommen werden. Ich sah seine Stange nicht mehr, so vergraben unter den Federn seines Bauchs war er, daß er auf seinen Flügeln wie auf Krücken zu sitzen schien.
Und als mein Blick von seinem Taubenschlagkäfig herabglitt, wurde in einer unteren Nische ein lächerliche Sprünge machendes Rentier, das seine vier geteilten Hufe an eine Stange klammerte, von einem Strahl erleuchtet. Sein Federbuschge-

weih richtete sich gelb auf wie die Haube des Kakadus, und an seiner Stange baumelte ein am Hals aufgehängter Säufer, der dem Publikum die Gewohnheiten des Tieres und seine Eigenschaften erklären sollte. In regelmäßigen Abständen, wenn er zu trinken erbat, fiel er zu Boden und schnarchte mit offenen Augen, ohne auf seine Pupillen, gabelförmigen Füße und spitzen Hörner achtzugeben.
Da ich dieses banale Schauspiel nur oberflächlich beachtete, erblickte ich kaum die Hecken, die meinen Weg säumten, und ihre fruchttragenden bemoosten Stämme, auf denen symmetrische, schwarz mit weiß durchwirkte Käuze saßen.
Wohlan, ich hatte – seit welchem Augenblick? – ein Buch in Händen – ein gewiß von mir verfaßtes; wann und wie? kein Bewußtsein – ein Buch, in dem in himmelblauer gotischer Schrift alles vorhergesagt und berichtet wird, was ich sehen mußte, alles, was ich später denken mußte. Und die Buchstaben waren Figuren.

Ich finde mich wieder unter den Gewölben der Kathedrale, wo ich bacchantische Sprüche gröle, und die erhabenen Kardinäle machen mir diese Unschicklichkeit zum Vorwurf. Und um mich besser zu verwirren, bilden diese Erzbischöfe und Kardinäle, Diakone und Subdiakone ein Orchester. Der Papst schlägt den Takt, und die Blechinstrumente legen los, und die Pfeiler weichen, um den Hälsen der enorm großen Kontrabässe Platz machen. Und die Höllenhymne hebt an:

Volk, hört meinen Engelsgesang!
Öffnet eure Hörkanäle!

Die Mauern stürzen ein, die Gewölbe erheben sich wie Ballons, deren Inneres man erblickt, und die Säulen treiben schnell vorwärts, um der ununterbrochen gewachsenen Ausdehnung der titanischen Architektur als Stütze zu dienen.

Und leiht euer Ohr dem höllischen Radau!

Habe ich diesen Schrei ausgestoßen? Es ist immer nur die für großes Orchester ausgearbeitete Anklage, daß ich verurteilt bin, und ehe man mich ergreift, wird das unzählbare Orchester mir das Urteil rülpsen. Die Bogen neigen sich zu mir, und die Posaunen brüllen gegen mein Trommelfell:

Öffnet eure Hörkanäle!

Und man will mich ergreifen, der ich angewachsen bin, wo ich an eine Chorbalustrade lehne. Wo sind meine Handschuhe, mein Stock und mein Hut? Damit ich nicht in einer ähnlichen Enge verharre. Mein Überzieher? Gut, da liegt mein irdischer Leib am Boden. Ein Ärmel und dann der andre, nun bin ich bekleidet. Er ist nicht mehr erfroren, und die Füße gehorchen nach Gutdünken. Schon bin ich in meinen ursprünglichen Sessel zurückgekehrt, und alle Dinge sind geordnet, außer meiner Opiumpfeife, die man mir wieder stopfen wird.

Die drei ausgedienten Wappen des Zauberers

I *Mineralisch*

Olivgrün-eitler Schlamm, geborgner Seele bar,
ein mildes Angesicht, das drehst du, Schädelrund,
uns zu und lächelst mit dem ausgezahnten Mund.
Jedoch bejammerst du den Leib, dein Silberhaar,

dein zum geflügelt Wort geöffnet Lippenpaar.
Die Augenhöhle klafft, mein Blick taucht auf den Grund,
sie gähnt im Schatten, seufzt und weilt in langer Stund
als leere Box des Pferds, das auf der Reise war.

Du bist nur Ton und tot. Die Backenzähne, weiß,
auf blankem Knochenton ein glänzend Flammenfest,
wie blankes Kupferzeug durch Sorgfalt des Lakais.

Und Briefbeschwerer du hoch oben auf dem Schrank,
der mit dem Hinterkopf die Zauberblätter preßt,
du mürrst dem Streunerwind in Bissigkeit und Zank.

II *Vegetalisch*

Das Jungfernpergament schreibt, lacht und feixt, wachs-
bleich.
Die Zeichen tanzen, toll. Die einen, Flammenschwert
auf einer leeren Seit als Strahlenblitz beschert.
Und andre, Rabenvieh in Reihen dicht und reich,

sperrn giergen Schnabel auf im weiten Schneebereich.
Das Buch ist großer Baum, aus Gräben aufgekehrt.
Und seine Blätter, wie aus einem Sack entleert,
entfliehn im Vielfraßwind und gehen, Lumpen gleich.

Sein Stamm ist menschlich so wie das Alraunenwesen,
und seine Früchte sind Pythagorasens Bohnen,
das grüne Blätterwerk, es sprießt ihm im April.

Die goldnen Prophetien, die ihm tiefinne wohnen,
kann nur der Nekromant allein gefahrlos lesen,
die Nacht, die durch das Harz der Fackeln schimmern will.

III *Animalisch*

Mit krausem Goldstoff ganz bekleidet, in Gedanken
thront er, die Adlernas mit goldner Brill als Wehr.
Ergriffenes Gefolg, es drängt sich ringsumher,
das von der flinken Glut des gelben Augs im Schwanken.

Er ist sehr klug und ruft zur Erle in die Schranken
(ehmals gab Pallas so verneinend ihre Lehr),
das Urteil zu studiern hat raschen Weitblick er,
es zu vollstrecken hat er ellenlange Pranken.

Der Uhu, zart und glatt, er kommt und er verheißt,
wann eure Stunde schlägt, da euch der Tod entreißt,
ruft seinen Namen durch die Tür euch dreimal zu.

Auf Leichensteinen er die Zukunft sichtbar macht,
vor unbekannten X, da träumt er in der Nacht,
gekreuzt das lange Bein, in triumphaler Ruh.

Wiegenlied
des Todes zum Entschlummern

Jenes große Bildnis an der Wand,
sonnig unter diesem Unterstand

und beschützt in des Gespenstes Falten,
richtet seine Stirn auf, träg-verhalten.

Wie ist meine mondne Stirn so bleich
unter diesem Siebensternenreich!

Dieses Bildnis meiner Mauerstirn
hat mich ausgesaugt mit Blut und Hirn.

Und in Hals und Adern atmet mir
hirnverbrannte Lüfte der Vampir.

Währenddessen aber Spinnen wenden
sich von meinen abgezehrten Händen.

Im Gewebe ihres Plüschs, in Ringen
meine schweren Finger sich verschlingen.

Wie des Kauzes schimmlige Schalmei
in mein Stimmband wohl gekommen sei?

Und so kann ich hörend nicht erleben,
wie die Schiffchen meine Sklette weben?

Schmetterlinge an der Spitze haben
Flügeldecken wie die Küchenschaben.

Und sie fliegen zu den Blütentrichtern
der Tapete mit den Bleichgesichtern.

Ihre gelben Flügel sind gebrannt,
Karten fallen rasch und unverwandt

von der Decke, und vom Schlafensingen
von der platten Decke fallen Klingen.

Halten meine Knochen fürder stand
hier in ihrem festen Fleischgewand?

Halten stand, bis sich die Stunde senkt,
wo der Leib im Todeskampf sich renkt,

wo die Haut wie ein Stück Fensterglas
sichtbar macht die Seele, und daß das

Auge Glas wird der Tentakelqualle.
Und die schwarzen Pulpen schwimmen alle

rundumher und Hand an Hand in Kreisen,
um das Handumdrehen zu beweisen.

Hoch ihr weinend Herz die Kerze trägt,
Wasseruhr, die meine Stunde schlägt.

Alle Absalome jammern drüber,
fühllos den Gardinen gegenüber,

mit den nassen Füßen in den Wogen.
Eine kleine Woge kommt gezogen,

schäumt von Hasen- und von Schneckenohren
und ist meinen Lippen unverloren.

Und in meine giererfüllte Nasen
hat der blaue Färberwaid geblasen.

Von den Knien, dick von Druck und Stoß,
hakt sich meine plumpe Klaue los.

Ganz gemächlich mache ich mich breit
wie in meinem großen Bett ein Kleid,

dessen Ärmel wird man weithin sehn
durch den Wind der Sonntagsglocken wehn.

Und die Glöckner ihrer müden Schwingen
lassen leis das Totenläuten klingen.

Unter Wolken seh ich ihre Glocken
mit den unbekannten Zungen stocken.

Und am Himmel, wo der Tag zerbricht,
glänzt verhüllt das Heilige Gesicht.

Die Ordnungsmäßigkeit des Totenschreins

Im hellen Totenschrein schläft meine keusche Liebe.
Dein Schatten, zart und lang, beschützt mich, denn ich such
den Weg zum Gräbergrund, wo Erde Fleisch geblieben.
Um deinen kühlen Leib schlägst du dein Schleiertuch.

Schlaf ein und ruh dich aus! Hör, wie die vagen Stimmen
der Jungfraun lullend süß zum eitlen Himmel ziehn.
Sie haben nicht gewebt der Schwestern Leichenlinnen.
Du bleiche Kerze, wachs! du Hand aus Stearin.

Verfluchte magre Hand erhebt der Tod uns drohend.
O Zeit, den schweren Tropf vergieß nicht unbedacht
aus jenem Blumenkrug. Aus scharfer Flamme lohend
kommt ein ersäuftes Schiff in schwarze nichtige Nacht.

Die glatten Säulen drehn sich dann empor wie Eiben.
Der Leuchter an der Wand ist Vatermörderfaust.
Die feige Flamme flackt in den bemalten Scheiben,
aus welchen in die Nacht die helle Klinge saust.

Die Orgel seufzt und grollt mit eherner Posaune,
mit schlimmem dumpfem Klang, mit Ton von Toten, die
im unterirdischen Strom hinwälzen ohne Laune.
Von Sylphen aufgeregt klingt Geigenmelodie.

Auf dieses Abgrunds Ball unendlich ist das Hoffen:
in diesem Wellenbett fällt euch das Tanzen schwer.
Das Maul der Totengruft steht noch vor Hunger offen,
doch meine schmale Hand zermalmt das Malvenmeer.

Dann preßt der starke Arm der köstlichen Ermattung
des Abends meinen Hals. An schwerer Mauerpracht
berührt mich eine Spur der langen Schleierschattung.
Der Lampen goldnes Aug ist weinend aufgemacht.

Tapisserien
nach und für Munthe

I *Die Angst*

Erhitzt vor Feuer, weiß vor Schrecken
sehn die drei Mädchen Lettern flecken,
an kalter Wand Verzauberung,
Gespenster der Erinnerung
sind mit markierter Schattenhand
auf eingelegtes Holz gebannt
und auf ihr weißes Hemd der Nacht,
mit Klauen, scharf und ungeschlacht.

Der schwarze Ofen braust und frißt
mit seinem Totenkopfgebiß
die Stille, einen krauchen Wurm.
Der schwarze Ofen, wie ein Turm,
drei Kriegerinnen zum Glückauf
tut seine Mörderaugen auf.

Erhitzt vor Feuer, weiß vor Schrecken,
im langen Hemd wie Schwanenschweif,
sehn die drei Mädchen im Verlauf
der kalten Wand die Zeichen blecken.
Sie tun, vor Schreck die Arme steif,
wie Schilder ihre Augen auf.

II *Prinzessin Alraune*

Die Fee mit ihrem Zauberstock,
versteckt im schattigen Faltenrock,
hat die Prinzessin angerührt
und in den dumpfen Wald geführt,
und hat, durch Order angeregt,
des Mooses Samt an ihrem Fuß,
die Eisen um den Hals gelegt.

Und auf ihr Kleid aus Flitter rinnt
vom Tau hernieder Tropf auf Tropf.
Die Pilze, die am Boden sind,
verneigen ihren kahlen Kopf.
Kaninchen, außerhalb der Baue,
und Ackerschnecken, Ofenasche,
aus Schmuddel und aus Schlamm gefügt,
erheben die Dämonenbraue
zur Rabenmutter, lautvergnügt.

Doch die Prinzessin steht und harrt,
ein Baum mit Saft im Überschwang,
und die Prinzessin bleibt erstarrt.
An ihrer eisigen Stirn entlang
sich aus den grauenvollen Stürmen
die stracken Haare aufwärts türmen.

III *In der Höhle der Riesen*

Ich habe drei, ich habe sechs
monströse Riesen sitzen sehn
auf kahlem Hang und auf Gewächs,
auf Marmorsockeln in Alleen,
mit ihrem dicken kurzen Arm,
mit ihrem Bart, so lang wie Bäume,
mit ihrem Haar wie Feuerschwarm,
das über unbewegte Säume
gewaltiger Mauerwerke lag.
Ich sah sechs Riesen im Verschlag.

Und unter Wimperbüschen habe
ich ihre Augen glühen sehn,
genau wie Gold von einer Nabe
sich unterm Leichenwagen drehn.
Sechs Kühe, und man melkt sie besser,
sechs Felsen in dem Milchgewässer,
sechs Riesen, die im Blute stehn.
Die Finger sind wie Fackeln lang,
sie rühren Blut, es löscht sie aus,
ihr Leib ist schwarz, ein blutiger Strauß,
die Beine sind ein Säulengang.

Vom Hals des Königs dieser Riesen
vergaß jedoch ein Kopf zu sprießen,
dort nur ein blöder Schädel bleckt.
Wie Weidenzweige ausgestreckt
sind seiner Fäuste Zuversicht:
in düstrer Höhle helles Licht,
zwei Eulenflügel sich entfalten,
auf seinem Hals den Schatten spalten.

Der Riese hat den Finger in
ein großes Schiff gesteckt und hin
schwimmts auf dem See vor dem Palast,
sein Finger ist des Schiffes Mast.
Und Bären beugen ihren Rücken,
den auf dem Pelz das Lastendrücken
in Feuerbrand verwandelt hat.
Draus macht der Sturm ein Sägeblatt,
und Mauerzinnen daraus werden
und Lichterschein auf Küchenherden.
Im Wasser rühren sie die Dolle,
ein schauderhafter Tanz im Takt
der braunen Löckchen ihrer Wolle,
wenn himmelwärts die Peitsche knackt.

Und die Prinzessin, bleich am Bug,
die Augen auf den Rudrern trug,
sie sieht ein Riesenvögelchen
sich wie ein Rad im Kreise drehn.
Beim Donner in der Höhle schallts,
der Vogel mit dem langen Hals
spannt seine starken Flügel aus
zum Fluge durch das Sturmgebraus.

Ein Vogel durch die Höhle kriecht,
ein großer grüner Pelikan,
mit immer neuer Zuversicht.
Bewegte Winde sind vertan.

Inmitten träge, unempfindlich,
die Königinnen jener Schrecken
an Mauern kriechend sind befindlich,
Urtiere, groß, mit blutigen Flecken.

Der Mann mit der Axt

nach und für Paul Gauguin

Weitherum der Lärm der Glücke
durch die Nebelschwaden kreist.
Wir bewaffnen unsren Geist
in dem Zwischenreich der Tücke,

denn am Ufer, das wir sperren,
hat ein Riese sein Regime.
Echsen, kriechen wir vor ihm.
Auf dem Wagen eines Herren,

einem Marmorpostament,
schnitzt er sich ein Rindenschiff
und verfolgt uns vehement

bis ans grüne Zeitenende.
Fest die blaue Axt im Griff
haben seine Kupferhände.

Die Sanduhr

Häng auf dein Herz an drei Gestellen,
häng auf dein Herz, die Arme schwellen,
häng auf dein Herz, dein Herz in Wunden,
das aus sich leert im Gang der Stunden,
die einen Sumpf mit Glanz erhellen,
erhäng dein Herz an Sandgestellen.

Vergieß dein Blut, Herz, laß dich blenden
vom hellen Glanz der beiden Enden.

Gestelle schwarz, Gestelle kalt,
drei Finger zeigen die Gewalt.
Erhäng dein Herz an Holzgestellen,
die dürr und hart und nicht zerschellen.

In deinen schwarzen Ring, Saturn,
gieß aus die Asche deiner Urn.

Erhäng dein Herz, Aerostat,
an den drei Pfählen pfeilgerad.
Geworfener Ballast, du rinnst,
die Gondel ist dein Hirngespinst,
das seine Krüppelfinger fest
in deine Zehennägel preßt.

Gieß aus die Seele, die verpufft
in deines Dreiecks irrer Luft.

Zeig her dein Herz am Marterpfahl,
dein Schrei erschallt in Berg und Tal,
dein Tränenfluß, dein einziger Schrei
im irdisch gleichen Einerlei.

In deinen schwarzverkohlten Armen
war für Verdammte kein Erbarmen.
Der Teufel tat sein Dreierhorn
an deine helle Stirne vorn.
Heb deine Arme, die geschwind
wie Stämme ausgelichtet sind.
Vergieß den Schweiß des Angesichts,
die Zeit verwandelt sich ins Nichts.
Vergieß den Schweiß der Stirne weit,
sie kennt der Sterbestunde Zeit.

Und auf ihr Blut, das haltbar ist,
vergieß den Sand, der stetig fließt.
Dein wespenfeines Miederband
dreht sich auf Gräbern unverwandt,
auf weißen Gräbern, blank gewaschen
vom Geifer deiner kalten Aschen.

Pflanz auf den Galgen an drei Stellen,
den Galgen aus den Holzgestellen.
Es hängt ein Herz dran zum Export.
Des Herzens Asche wirft man fort,
des Herzens, das den Tod vergießt.

Der schwarze Dreipfahl es durchspießt,
durchspießt dein Herz, dein Herz in Wunden,

das aus sich leert im Gang der Stunden,
die lange schon im Winde schwellen
und einen Sumpf mit Glanz erhellen.

Sonett

Es kriecht im Heidekraut, Schamhaar am Opferstein,
der taube stumme Mann für einen Groschen nur
um Löcher eines Felds, Märtyrerrippenbein.
Er fühlt mit seinem Licht am Ende einer Schnur

auf Wellen aus Karmin. Noch bläst der Wind mit Kraft.
Das Meereseinhorn schwankt durchs Heideland dahin.
Der Schatten, den der Mond von Goldgespenstern schafft,
verfolgt mit seinem Stahl Marder und Hermelin.

Und mit dem Baum als Mensch es seine Scherze treibt.
Es hat den Flügellärm der Maikäfer verspeist.
Es zaust sein Fell, ein Bär, auf einem Felsen draus.

Der Wandrer überquert sein Schattenbild und schreibt,
er harrt dem Himmel nicht, der Mitternacht verheißt.
Unter der Federschlacht ertönt das Steingebraus.

Ich weiß nicht

Ich weiß nicht, ob mein Bruder mich vergißt,
doch fühl ich unermeßlich mich allein
mit dem geliebten bleichen Kopf. Er ist
Versuch in der Erinnrung, nur ein Schein.

Sein Bildnis vor mir auf dem Tische steht.
Ich weiß nicht, war er häßlich oder schön?
Ein Grab sein Doppel: leer und weggeweht.
Vertan ist seiner Stimme Liebgetön.

Doch klingt sie echt und falsch zugleich im Ohr.
Er weiß es nicht: vielleicht ein später Schatz,
so steigt sie plötzlich aus dem Brief empor
und greift als zart-gebrochne Feder Platz.

Madrigal

Ihr seid für alle. Doch für mich bist du.
Von ihnen war nicht einer wahrer Herr.
Schlaf endlich. Schließen wir das Fenster zu.
Wir sind zu Haus. Das Leben ist versperrt.

Wir leben hoch. Zuende ist die Welt.
Die Ganzheit kann nicht mehr geleugnet sein.
Sie hat sich groß als letztes eingestellt,
und Messalina bleibt erschöpft allein.

Hier bist du ganz für dich mit Aug und Ohr.
Wer zu oft fällt, verlernt es, wie man geht.
Der Erdenlärm ist fern, wie Aschenflor
im blauen Weihrauch unerkannt verweht.

So wie der Plätscherschlag von Karpfen klopft,
        in Fontainebleau erblickt,
        mit Stimmen vollgestopft,
        vom Wasserkuß erstickt.

Wie ist das doppelte Geschick geknüpft?
Solang ich deine Steige nicht gebraucht,
warst du dem Mutterleib noch nicht entschlüpft,
Vergangnes, das in einen Spiegel taucht.

Doch der gemeine Unrat hat den Schuh
an deinem kleinen Fuße kaum geküßt.
In all das Leid gebissen hast nur du,
damit dein Mund so rein geblieben ist.

Das Bad des Königs
für Eugène Demolder

Als Wasserdrache kriecht im Feld mit grünem Klee
die Weichsel silbrig hell und blasig bis zum Rand.
Der Polenkönig und von Aragonien eh
eilt nackend in sein Bad, ein grober Elefant.

Das runde Dutzend Pairs: er hat das Renommee.
Beim Schreiten bebt sein Speck, beim Atmen bebt das Land,
bei jedem Schritte gräbt sein patagonischer Zeh
ihm einen nagelneun Pantoffel aus dem Sand.

Behängt mit seinem Bauch wie mit dem Schilde bloß
geht er. Und seines Arschs erlauchte Redundanz
bestätigt lückenhaft die grobe Unterhos,

darauf in Gold gestickt, genau nach der Natur,
ein Indiander ist im Kriegermummenschanz
zu Pferd im Hintergrund, und vorn der Eiffelturm.

Der Kettenschmied

In dem roten Henkerkleid
wirft die neue Kette weit
er ins Flußbett irgendwo
von Paris bis Montereau.
Über Schiffe, fest im Griff,
fuhr vorüber Schiff auf Schiff:
Warper mit dem Doppelrohr
zwanzig Jahre schon zuvor
Glied für Glied und stufenweis
kriecht und knirscht und rasselt leis.

Herr der Brücke Eichenherz
wirft die Ketten wasserwärts,
Reisigbesen in der Hand
flußhinunter amüsant.
Und im Rost aus Gold und Blut
schläft der Herbst des Eisens gut,
eingerollt wie Kellerasseln,
wenn die welken Blätter prasseln.

Alter Schmied, dir gähnt im Bett
Schraubstock auf dem Hobelbrett.
Was erweckt den Schmiederauch?
Ist es deines Schlundes Hauch
oder des Gebläses Wind,

der durch trockne Kieme rinnt?
Und der Jungfer Küchenreich,
Bratrost, Pfanne allzugleich
spielend diese Hölle neckt.
Schmiederauch das Eisen bäckt.

Krankes Eisen, rassele Lust!
Aus des Schmieds gebundner Brust
Hexensabbat aufwärts loht
bis zum trüben Himmel, rot.
Wenn der Seemann schon zuvor
seine Seele nicht verlor,
seis, daß er vergessen hat,
was er mit dem Lumpen tat,
welcher sicher, da er trank,
tief ins alte Eisen sank.

Warper trennt sich von der Wut.
In des alten Seemanns Hut,
dieses Trinkers, nicht zu retten,
zählt der Warper seine Ketten,
sagt den Geistern: Eisentanz!
Glieder tragen Rosenkranz.

Labyrinthe

Die Einfachheit muß nicht immer simpel sein, sondern sie ist vielmehr ineinander verwobene und sich durchdringende Vielfalt.
Les Minutes de Sable Mémorial

Prolegomena zu Haldernablou

I

Hört, was ich sah, freischwebend auf dem Stern Algol, während der Schwefelregen fiel, und wie ich die Schwungfedern des fliegenden Fisches aufgesammelt hätte, wäre ich nicht zurückgeblieben, um die vier symmetrischen Vögel zu belauschen, die auf dem Kalvarienberg vertraulich miteinander plauderten.

Unter dem höllischgrünen Himmel heben die Säulengänge mit ihren Fäusten, deren Geäder in blätterreichen Kapitellen mit Kot bespritzt wird, die Kuppeln empor, deren Schilder leuchten.

Unter dem Pech- und Schwefelregen öffnet die spöttische Stadt ihre Sonnenschirme, aber die großen Schildkröten mit Elefantenfüßen bleiben bald stumpfsinnig auf dem glanzlosen See stecken, in dem sich ihre goldenen Panzer überhaupt nicht spiegeln.

Und die Fledermäuse mit Flügeln aus verbrannter Pappe fliegen darüber hin und her, klappen ihre Fächer auf und zu. Und immer noch hebt die Stadt ihre drohenden Fäuste dem Himmel entgegen, von wo ihr Feind sie zu Boden drückt. Doch Gott läßt sich nicht täuschen, sein weiter Blick durchdringt alles: weit unten tragen ihre Zehen unterirdische Goldadern als Ringe, die der göttliche Verwüster zermalmt, auf daß das Licht wie ein Duft daraus emporsteige; hoch oben fegt sein mächtiger Bart die Wolken zusammen, und seine Finger bohren, wenn er nachdenkt, Löcher in den schwarzen Himmelsteppich. Aber vom Stern Algol – auf den ich mit einem Satz gesprungen war, um diese ferne Szene zu betrachten, deren Bild sich verliert wie Kreise, die sich von einem Stein entfernen, den man quer durch die flüssige Unendlichkeit wirft –, vom Stern Algol aus sah ich seinen heiligen Phallus, den die Hindus Lingam nennen, durch einen baufälligen Tempel kriechen. Er neigte seinen Elfenbeinturm und seinen einfältigen Schädel, der noch keine pfeilähnliche Naht hatte, ähnlich dem Auge eines weißes Chamäleons.

Und der große Phallus glitt wie eine Wasserschlange und im besonderen wie eine Galeere mit drei Rudergängen über die mit Pech bestrichene Fläche hin. Und die Menschenmen-

ge, mit den Füßen bis dahin festgeklebt wie Fliegen in einem Topf Honig, strahlte – sich von dem Ungetüm entfernend – in alle Richtungen aus im Getrappel der tausend Füße des Tausendfüßers.
Und die göttliche Stimme kam herab, langsam und feierlich wie ein Fallschirm: »Alle werden umkommen, die meine Gesetze mißachtet haben; sie werden umkommen, die Magier, die Wahrsager und jene, die die Geister von Python befragen, denn sie haben der NORM Gewalt angetan; und auch jene, die sich mit Tieren vereinigen, denn das ist eine Verirrung, und auch jene, die sich nicht so, wie ich sie erschaffen habe, fortpflanzen wollen: denn mein GESETZ verflucht sie.«
Und der Pech- und Schwefelregen fiel mit der Stimme zusammen hoch aus den Wolken herab, bedeckte die flache Erde und stieg nach und nach an wie ein Meer. Und die Magier, die Wahrsager und jene, die die Geister von Python befragen und all die, welche Gott verdammte, schienen ganz langsam in dem steigenden Morast unterzugehen – oder wie eine Kerze auf einem heißen Blech zu schmelzen. Und als der Phallus einen von ihnen ansah, hob der Magier, um ihm zu tauschen und den unzeitigen Tod zu verzögern, die großen Flügel seiner Robe über den Kopf und breitete sie über seine Arme aus, während er unter sich den Boden vor dem Feuerregen schützte und vor meinen Augen sein Geschlecht enthüllte, schön wie eine Eule, die an ihren Krallen hängt.
Und die Oboen-Stimme moduliert: »Durch mich und gegen meinen Willen werden all jene umkommen, die meinem Meister nicht gehorchten und meine Rolle nicht beibehielten; auch jene, die ein reineres Geschlecht erträumten als das, welches Gott aus Lehm erschuf und die Dur- und Mollzeichen des Eros erfanden, nachfolgend dem rohen Gregorianischen Kirchengesang.«
Und beschämt, zu viel davon gesagt zu haben, beschämt, Mitleid mit denen zu empfinden, die in dem Pech verschwanden, das seine Fallen auftat, sprangen plötzlich aus seinen Seiten zwei rosige Phönixflügel – wenigstens erschienen sie mir so im Schimmer des flüssigen Feuers –, und er stieg senkrecht empor, nachdem er die sinkende Stadt dem Erdboden gleichgemacht hatte, und schwebte in der Luft wie ein fliegender Fisch.
Gleichzeitig tauchte ein eisengrauer Kormoran am Him-

mel auf, dessen glatter Leib die ganze Stadt überdeckte, die ihn zornig verfolgte und – ihm nach – in der flammenden Luft immer höher stieg, bis ich sie nicht mehr sah.
Dann nahm ich plötzlich wahr, wie ein Schnee aus großen wirbelnden Federn vom Himmel und dem unsichtbaren Okzident fiel und den die Seeschnauzen der Tapire wittern werden. Und ich stieg hinab, um auf den Weg zu kommen, wo nun – das wußte ich – im fernen Tal die großen weißen und schwarzen Schwungfedern lagen, schön wie Walfischskelette.
Ich ging dem GOLDENEN KREUZ entgegen. – Cäsar-Antichrist wird zu euch sprechen.

II

Vulpian und Aster saßen auf dem Felsgestein, ganz verliebt in ihre langen Gewänder. Oh, die Geilheit ihrer grünen Augen und der fingerähnliche Rauhreif in ihren Kastanienhändlerblicken! Vulpian und Aster haben in ihren Augen die wahren Freuden der Toten, Schänder des Nichts. Und der Fächer ihrer grünen Augen bebt wie die Palmen Libyens.

VULPIAN: Ich sage es dir, dieser Tag ist der Tag unsrer Todschande. Wo sind die Schleier, die wir fortgeblasen haben wie den Dunst der Bäume?

ASTER: Der dreihändige Wind hat seine Hexenpeitsche verfünffacht. Leg deine Finger auf meine Knie wie den Rüssel eines toten Elefanten. Der Donner hat gesagt: Ich werde schreiben. Und er hat seinen Dreimaster dem Sturm übergeben.

VULPIAN: Die Nacht mit ihren undurchsichtigen Elfenbeinschultern hat meine brillenlosen Augen verschlossen. Aster, die Ginsterbüsche haben ihre Donnerkeile und kleinen Raketen verästelt. Und die Stechginster haben wie Muscheln geblüht, die man öffnet.

ASTER: Die Felsen sind wieder grün geworden, und der geizige Frost hat den Kaviar seiner Eier unter seinen Handflächen fortgetragen. Warum hast du die Nacht mit dem Widerschein deiner zehn Elfenbeinphallusse weggeschüttet?

Haldernablou
Remy de Gourmont zugeeignet

Dramatis Personae:
Der Herzog Haldern
Ablou, sein Page
Die Mutter
Die Alte
Der Arme
Der Eulenpastor
Der Chor, unsichtbar und unbegreiflich*.

* *Die Stimme des Chors kommt aus den Dekorationen: Zinnflechten im* Wald *oder bebendes Kupfergeschirr: Goldteller an der Straßenkreuzung des Armen; Eingeweide an der verglasten Decke, Umfang und Maß dem Wuchs der Pflanzen angepaßt; Klangkörper oder paralysierte Totengebeine, ein wenig flüssig, wenn das* Auge des Kopfes *spricht.*

Prolog

Vor Morgenrot, im dreieckigen Wald.

DER CHOR *(dessen Stimme sich entfernt):*
Auf der Klage der Alraunen
Der Passionsblumen Erbarmen
Kehrt der weiße Wurm der Leichenzüge heim in seine Höhlen.

Der Sultanspalast mit sandigen Fronten
Untergeben dem Holz unsrer Riemenschuh
Strahlt mit dem Gold all seiner Kreuze auf unsre Augenlider.

Im Kupferrot der toten Blätter
In der Stärke alter Rinden
Klingt und segnet das sehr sanfte Totenglöckchen unsrer Abgeschiedenheit.

Laßt uns heimgeh'n: Bald erwacht der Tag.
Die Asche der Nacht ist schon entfloh'n
Mit dem rinnenden Blut der Sanduhren.

Die Herzen verlieren ihr Blut, das verströmt.
Der Drachen aus unsren Mönchskutten
Hängt sein Schreckbild in die Ferne als gelbe Masken von Schleiereulen.

Möge der Tote vor dem Morgenrot schlafen.
Möge der Tote schlafen vor der ersten Träne des Lichts.
Auf der Klage der Alraunen
Der Passionsblumen Erbarmen
Kehrt der weiße Wurm der Leichenzüge heim in seine Höhlen.

Erster Akt

Erste Szene

Eine Allee. Ein Grabmal mit griechischen Giebel. Haldern, Ablou.

ABLOU: Abends aus eurer Burg die Sklaven am Rand der Landstraßen. Die Schattenhände an denen, die vorübergehen. Die Köpfe zermalmt unter den Baumstämmen. In den dickbauchigen Flaschen mit schönen Etiketts?

HALDERN: Ja, Ablou.

ABLOU: Und Skelette hinter den Türen gehorchen, Phalanxen hinter Schloß und Riegel. Und um hohe Anrichtetische gewunden schauten Chamäleons – sahen im Sonnenlicht ihre Augen wie Negerpenisse aus?

HALDERN: Ja, Ablou.

ABLOU: Und niemand hat jemals eure Burg besucht? Weder Mann noch Weib?

HALDERN: Die Zugbrücke – sie allein und die Eule ziehen die Kinnlade ihres grauseidenen Augenlids hoch – hält ihre Wärzchen unbefleckt vom Sand der verachteten, blinden Menschen im einzig Wirklichen, dem Übernatürlichen. Ich liebe an den Frauen – Knochenfraß und Schlacke, die Gott vom Gitterwerk ihrer Rippen verbannte – ihre Unterwürfigkeit, aber ich will sie stumm. Wenn sie in meinem heiligen, mit Fledermäusen gesegneten Alkoven aus Buchsbaum in meinen Armen reden – Klage aus dem Brustkasten der Puppen mit den Fingern von Kolporteuren –, wenn sie reden, werfe ich sie ans Fußende meines Bettes, im Schein der Nachtlampe aus dem Totenkopf in seiner halb offenen Höhlung, der mir zuhört aus seinen beiden verträumten schwarzweißen Habichtsflügeln. Nur außerhalb des Geschlechtlichen gibt es die Liebe; ich möchte ... irgendeinen, der weder Mann noch Frau wäre – noch ganz und gar Mißgeburt – einen untertänigen Sklaven – und der sprechen könnte, ohne die Harmonie meiner erhabenen Gedanken zu unterbrechen, für den ein Kuß teuflische Schändung wäre. – Hat dir irgendein Mensch gesagt, daß er dich liebte, Ablou?

ABLOU: Wenn er kühn genug gewesen wäre, hätte ich seine Wange mit meinen fünf Tintenfingern geschlagen, oder zumindest hätte ich ihn getötet.

HALDERN: Ich liebe dich und möchte dich zu meinen Füßen sehen, Ablou.

ABLOU: Du scherzest!

HALDERN: Von Norden, von Süden, von Osten, von Westen sind alle um mich als Stern der kauernden Sphinxe herumgekrochen. Du stehst über den anderen – du wirst verächtlicher werden als sie alle. – Und nun, da alles abgesprochen, laß uns weitergehen.

Zweite Szene

Ein Zimmer bei Haldern. Zwei Käuzchen in einem Käfig.

HALDERN: Freßt, freßt! Der Maikäfer, den ich unter euch verteile, ist quicklebendig, und er drehte auf dem Grabstein Pfoten und Schwanz einer glänzenden Krabbe um. – Sie haben sich ihn geteilt in einem bizarren Kuß: Im Schnabel des Männchens knirschen die weißen dreieckigen Zähne der zum Leib gehörenden Säge, und sein Weibchen mummelt die abgezogenen hölzernen Flügeldecken. Sie hängen auf dem weißen Wellenschaum seiner gefiederten Brüste wie zitternde und durchscheinende Schildkrötengondeln. Zibu, Zibu, küß mich mit deinen reinen Hornlippen, drück meine Finger mit der vierfachen Sense deines Panzerhandschuhs. – Zibu, du hast gesungen! Ich werde deinen gleichschenkligen Schädel auf deinem Hals von links nach rechts drehen ... – Doch nein, was du mir weissagst, wird mir Gewissensbisse ersparen, Zibu: ich werde mich erinnern, daß du gesungen hast; denn deine Flöte wird vernichtet sein, von dem Tag an, da man den Sarg zur Aufbewahrung des Toten verlötete, dessen Grabstein den Maikäfer aufkommen ließ, der am Hinrichtungspfahl deines Schnabels die entwurzelte Raserei seiner Pfoten verzappelte wie die Glieder von Agamemnon.

Dritte Szene

Haldern, Ablou.

ABLOU: *(im Kellerloch)* Die Maschine, prophezeites Leben, entleert sich bei tiefer Dunkelheit.

HALDERN: Der Erdboden und die Schwerkraft haben es in der Hand, ihre Alraunenzehen wieder zu erwärmen. Dreh dein Spinnrad, katzenartiger Sonnentau. Wende die leuchtende Kohle deines endlosen Bandes um, Strom Ozean, der du die heidnischen Ixions mit zahllosen mystischen Armen gefangen hältst. Du bist Embryo durch die Beständigkeit deiner kreisenden Bewegung, doch bist du dein Zentrum und dein Umkreis, und du denkst dich selber, metallischer Gott, als Wesen und Idol. Geiziger Gott, du hältst in deinem Dreizack die zwei schwarzen Sterne fest, die nahe daran sind, rechts oder links aus deinen Horizonten zu springen. Du *bleibst* ein Gott, der gar keinen Sohn will, der deine Erbschaft schmälern würde, und der die Erde erschuf, rund unter deinem Krallengepräge wie die Pustel der Kröte. Du bist dir selbst genug, Onan aus dem Metall deines Geschlechts, der du Malthus tauftest mit einem Strahl deines kochenden Schleims. Vollgestopft mit irdischen Eingeweiden, vergeudest du deine Kraft in der Tollheit deiner vertikalen Eichhörnchenrunden, und du murmelst so sanft auf der Erde, die dich in ihrem Leim festhält, daß du wie der Aufschwung der geflügelten Schnecke aus Kristall erscheinst, einer spindelförmigen langen Zunge. Wir, Reiner Geist, sind noch betäubt von unserem zu sinnlichen Leib ...

ABLOU: Das Licht auf dem meergrünen horizontalen Baldachin.

HALDERN: Verbleites Mühlespiel als Schachbrett, abgeschlagenes Stück Kirchenfenster. Die Fußspuren darunter lassen sich ablesen von der Etage aus, die uns überdacht. Die Unsichtbaren steigen eine Leiter auf und ab und ziehen ihre Schatten nach. Eins, zwei; eins, zwei; die Beine verlängern und verkürzen sich, wie eins nach dem andern die Fühlhörner einer Schnecke wechselweise von dem Treibstachel angetrieben werden.

ABLOU: Hier zieht der Stachel die glorreichen Augen zurück.

HALDERN: Sie steigen die gradlinigen Treppen auf und ab. Würdevoll schreiten Frauengewänder über uns hinweg mit nachlässigen amöbenhaften Bewegungen von Körben, die man hin- und herwirft.

ABLOU: Wenn es nun *wirkliche* Frauengewänder wären, wird deine Misogynie . . . Wir wollen uns absondern . . .

HALDERN: Horch!

ABLOU: Ein unbestimmter und abgerundeter Ton wie Porphyrkugeln, deren Rapporte zahlenmäßig abrollen.

HALDERN: Horch! Das ist der EULENPASTOR, der vorbeigeht, den ich höre, den wir – bereits in mehrfachem Sinn verbunden – anhören wollen. Das VERHÄNGNIS DES UNTERIRDISCHEN ist über uns.

ABLOU: Laß uns fortgehen, laß uns fortgehen!

HALDERN: Hör zu! (meine Liebe ist es wert, daß man sich für ihn interessiert, da ihn ja die ERSCHEINUNGEN begleiten . . .)

Sie gehen auf und ab; über ihnen schwingen, in beträchtlichem Umfang, runde, schwarze und ausgezackte Schatten hin und her und durchkreuzen ihren Scheitelpunkt.

Vierte Szene

Dieselben, Der Eulenpastor, Vorsänger Krebs im oberen Aquarium.

DER EULENPASTOR:
Erste Strophe (Mohn)
Der Wirbel
Der Beschwörungen
Verdunstet als Rauch und flieht aus den sieben Löchern meiner Flöte.
Krauses Gold der augengeschmückten Eulen, Völkerschaften
Von rostroten Einsiedlern – meditierend auf den Stämmen
Unförmiger Ulmen und dem mondsüchtigen Kupfer der Gesteine,
Verschließt bei meinem Hauch die Zimbeln mit euren Augenlidern

Und die Ringe an den Fingern der Nacht mit dem Gold eurer Musketenaugen.

1. Gegenstrophe (Passionsblume)
Zweimal
Am Horizont die unklare Vision
Von weichen Vorhängen, die sich öffnen wie Eulenflügel.
Zimbeln
Mit Löchern oder den Glanzpunkten glorrreicher Fänge,
Die Musketen ihrer Blicke auf uns gerichtet
Im augengeschmückten Gold ihres kelchförmigen Kopfes.

1. Nachgesang (Sonnentau)
Sie wird ihn mit Augen schmücken, die Eule,
Ihren Dudelsack
Aus den Fächern mit goldkäferfarbenen Tränen an ihrem Hals.

2. Strophe (Farnkraut)
Die Schwedin wattiert, verstopft und verkittet mit ihren Fängen
Die Polyeder von den Augenhöhlen meiner Flöte.

2. Gegenstrophe (Blätterschwamm)
Der Wirbel
Am Hals der Eule
Beutelt
Den Bienenschwarm
Mit der Funkenschwinge
Aus den tagblinden Augen ihrer Flügel,
Der schwer ist und brausend vom Krummschwert der Mörder.

2. Nachgesang (Mandragora)
Sie wird ihn mit Augen schmücken, die Eule,
Ihren Dudelsack
Aus den Fächern mit goldfarbenen Tränen an ihrem Hals.
Sie wird ihn mit Augen schmücken, die Eule,
Ihren Dudelsack,
In den Wirbeln
Der Polyeder von den Augenhöhlen meiner Flöte.

Fünfte Szene

Die Allee in entgegengesetzter Richtung. Haldern, Ablou, Der Chor.

HALDERN: Küß mich, Ablou.

ABLOU: Der Obelisk und die Säule des Springbrunnens.

HALDERN: Die Spinne der Vorurteile hat ihr Geweb der Stille um dich herum noch nicht mit ihren wohlwollenden Kiefern zerschnitten. Von dem geliebten Wesen keinen Liebesbeweis empfangen zu können, ohne daß es sich gedemütigt glaubt! Möchtest du, daß ich dir *danach* meine flache Hand hinstrecke, in die du mit einer Messerspitze den Augenschmuck eines Heiligenschreins mit vier Goldvögeln gravierst?

DER CHOR: Der Leib des müden, sehr müden Fakirs legt sich schlafen auf der Landstraße mit eisernen Bordkanten. Das Tempo der Münzenpräger läßt das aufgewachte Gespenst des ganz schwarzen Schmetterlings entfliegen, wie den Rauhreif von den Kandelabern, die wie Pfauen stolzieren. Der Leib des müden, sehr müden Fakirs legt sich schlafen auf der Landstraße mit eisernen Bordkanten.

HALDERN: Küß mich. Brüderlich. Und genug der Banalitäten.

ABLOU: Ja, denn man muß es tun und nicht reden. *(Umarmung)* Ich habe die Absicht, viele Duelle auszufechten.

HALDERN: Wie ich: sadistischer Schlußgedanke von Mannequins. Degen in blutiger Brunst.

ABLOU: Deine Straßenbahn fährt vorbei. Vergiß das Buch nicht, das wir zusammen gelesen haben.

HALDERN: Wie Francesca. – Leb wohl.

Jagdhorn links, gleiches Tonzeichen wie beim Kauz.

ABLOU: *(allein)*: Ist er es, der da unten riesige Sprünge macht, um ein unerklärtes Versäumnis einzuholen? Das von seinen Zehenspitzen aufgerissene Straßenpflaster. An den Ecken der umgedrehten Pflastersteine hat man rote Pastellfarbe zerrieben. Da unten das Trapez des aufgeschlagenen Buches auf der Stufe. Er geht wieder hinauf. Jedoch – insektentötende Blasebälge gegen die verstreuten Schwammtiere der Pflastersteine haben das würzende Krapplack eingesogen.

DER CHOR: Der Leib des müden, sehr müden Fakirs legt sich schlafen auf der Landstraße mit eisernen Bordkanten.

Zweiter Akt

Erste Szene

Eine Straßenkreuzung. Ein Gitter. Ein Häuschen davor, wo der Kopf DER ALTEN durchschimmert. Haldern, Ablou, Der Arme, Der Chor.

ABLOU: Was ist das dort?

HALDERN: Eine bärtige, bekleidete, stocksteife Kröte, die man nicht auf den Fliesen des Leichenschauhauses ausbreiten wird – die Punkte der Dominosteine kennen! Doch der Leichnam liegt über der Zahl, und über dem Leichnam das Geduldspiel der leeren Bekleidung. – Krüppel am Boden, schön durch das Dreieck deiner gekreuzten Beine und den horizontalen Zustand deines Fakirarms, die klingende Alchimie des Kupfers in deinem Hostienteller aus Blech wird vielleicht den abwärts laufenden Zeiger elektrisieren, auf dem deine Faust die Stunden des Elends anschlägt.
Er legt einen Sou in die Schale.

DER ARME: Danke, Madame.
Haldern schlägt mit dem Stock auf seinen steifen Arm ein.

DER CHOR: Mit zerbrochenen Knochen hängt der Dreschflegel der Hand unter der Reitpeitsche des Zwitters. Ha! Ha! Die geprägten Käfer rieseln dahin und hüpfen. Ein Faß mit Erbsen auf dem Perlhuhn Trottoir. Denn so wird jenseits der verlassenen Zeiten das runde Kupfer für unsere der Hoffnung entrissenen Augen sein.

DIE ALTE: *(Wächterin eines Wasserklosetts, singt mit der knarrenden Stimme einer gefangenen Grille)*
Die Schöne spricht zum Liebenden
Herein, herein, junge Schäferin;
Finster die stumme Sprache,
Der Kuß vom lügenden Mund
Und von den Toten in der Schubkarre.

DER CHOR: Lassen wir das, lassen wir das, der Regen wird kommen als Vorwand für die Sterne, sich auf der Erde zu spiegeln.

Zweite Szene

Ein dunkler Himmel. Ablou, Haldern.

ABLOU: Schau, Haldern, der Stern fällt, fällt wie eine Eule mit brennendem Gefieder. Dem, der eine Sternschnuppe sieht, wird jeder Wunsch erfüllt. Der Herausforderer wird Opfer, tauschen wir die Rollen. Haldern, ich liebe dich.

HALDERN: Der Wunsch wird erfüllt, wenn, bevor die himmlische Rakete im Dunkel erlischt, die Hand ein Kreuz geschlagen hat. Deine lange zärtliche Hand ist in der meinen geblieben. Vergleichen wir unsere Hände. Die meine ist kleiner. Ebenfalls breit. Ich habe eine Würgerhand.

ABLOU: Du hast dich auch nicht bekreuzigt.

HALDERN: Was hat derjenige, der alles aus eigener Kraft kann, göttliche Einmischung nötig? Komm, ich will, daß du alle Tage mit mir fechten gehst und mit der Pistole auf den Stundenflug der Fledermäuse schießt. Ich will, daß du – nachdem du dich vor mir erniedrigt hast – darüber Rechenschaft von mir verlangen kannst.

Dritte Szene

Ablous Zimmer. Ablou, seine Mutter, Haldern, Der Chor.

DER CHOR:

Der Blitz macht seine Lampe an und löscht sie zum Spaß
wieder aus
Und wickelt sie ein in seinen mausgrauen Mantel;
Denn vor Belsazar hat der stolze Blitz geschrieben
Buchstaben aus Speichel an die Wände des grauen Himmels!

DIE MUTTER: Bleiben Sie, Haldern. Der Regen fällt, und hinter seinem Gitter schneiden die Blitze ihre Mene Tekel Upharsin in die Wolken. Bleiben Sie in Ablous Zimmer.

ABLOU: Aber es ist doch kein Weib. *(Die Mutter zuckt mit den Schultern und geht hinaus.)* Am Tag, da wir zusammen schlafen werden . . .

HALDERN: Jeder von uns wird seiner Wege gehen, jeder von uns wird seiner Wege gehen.

Vierte Szene

Das Zimmer von Haldern. – Linke Wand: auf einem weißen Ofen in einer Nische ein Totenkopf, monumental geformt, ein Bett, darüber ein Reliquienkästchen, eine Madonna in der Ecke. Im Hintergrund: das Kreuz des geschlossenen Fensters, ein Vorhang davor und ein Tisch. – Rechte Wand: die Tür, leere Wandfläche mit Fechthandschuh, drei Finger aus dem Schatten hervorhebend, ein Degen, eine Pistole; der Nische gegenüber ein Spiegel; man sieht darin den Kopf von vorn. In der Nische und auf dem Tisch sehr niedrig gedrehte Lampen.
Haldern, Ablou, Der Chor.

ABLOU: Wir sind alle beide stark genug, um die Enthaltsamkeit ausprobieren zu können. Selbst mit deiner Schönheit vor meinen Augen werden meine Blicke, meine Hände und all meine Sinne wie Skelette unter einem Grabstein bleiben. Machen wir die Lampen blendend hell. Da ist dein Haar, dessen närrische Locken ich selber auf deinem Nakken geschnitten habe, da sind die Arme, die mich ersticken könnten, die ich mit meinen eifersüchtigen Klauen marmoriert habe; da die reine Brust und die zwitterhaften Hüften, da die Mädchenfüße und als Treff-As die Kniescheiben, die sich niemals vor mir beugten. Da ist das Geschlecht, vollkommen in seinem Maß wie ein schlafender Panther. Bis jetzt forderst du die Enthaltsamkeit stärker heraus als ich.

DER CHOR:

Der Sonnenfisch, der Sonnenfisch
Hat weder Füß' noch Beine
Er hat nur einen einz'gen Zahn
Frißt all die Kinder kleine.

HALDERN: Genug! Das goldene Kreuz des Reliquienkästchens wiegt mit seinen Balance-Armen das Verbrechen gegen unsere Widerstandskräfte ab. Den Ausschlag geben die blinkenden Augenhöhlen. Und da unten im Schatten sieht uns das Bild einer Heiligen an, betrachtet uns wider Willen, an die Wand genagelt wie eine Schleiereule an den Flügeln.

ABLOU: Konntest du das nicht früher sagen? Was wird nun mit uns geschehen?

HALDERN: Stell die Lampe höher.

ABLOU: Nein, sie brennt ruhig und sanft und sieht uns nicht mehr. Oh, dieser Lärm auf der Straße!

HALDERN: Es ist ein Karren, mit Schrott beladen.

ABLOU: Der Lärm hält recht lange an, recht lange. Was wird nun mit uns geschehen?

HALDERN: Schlagen wir eine Bibel auf. Ich habe mich oft wohl gefühlt bei dieser Art von Weissagung. Schlag auf und setz deinen Finger auf den Bibelvers.

ABLOU: »Die Tore des Hauses sind vom Feuer verzehrt . . .«*

HALDERN: Geh fort!

ABLOU: Leb wohl! Ich wünsche dir, daß du heute Nacht nicht zu viele Erscheinungen hast.

HALDERN: Geh noch nicht die endlose Wendeltreppe hinab. Ich will dir eine Lampe geben zum Hinuntergehen. Die Erscheinungen dringen durch die verschlossenen Türschlösser, aber das Eisen zerteilt sie in schmerzvolle Stümpfe, und der Pulverrauch absorbiert den diaphanen Dampf der Geister. Zieh meinen Degen. Ich zünde die Lunte aus einer Pistole an.

Ein Funken fällt auf ein Taschentuch, das auf dem Tisch wie eine Totenlampe brennt. Schweigen.

ABLOU: Rasch, ich stecke ihn in die Scheide zurück, ich hasse dich zu sehr.

HALDERN: Ich verachte dich und zertrete die Lunte unter meinem Fuß, als ob du es wärest. Geh fort!

ABLOU: Leb wohl. Und durch die endlose Wendeltreppe rede mit mir von Treppenabsatz zu Treppenabsatz, um den Schwarm der toten Seelen zu zerstreuen.

HALDERN: Leb wohl! Wir werden heute abend ein Gebet sprechen.

ABLOU: Hab nicht zu viel Erscheinungen heute Nacht!

Fünfte Szene

Die Allee. Haldern, Ablou.

HALDERN: . . . Du bist ein guter Diener.

ABLOU: Genug! . . .

Jeder geht seiner Wege.

* Nehemia, II, 13

Sechste Szene

Das Zimmer von Haldern, erloschene Lampen. Der Chor, Haldern.

HALDERN: FLEDERMAUS, wieder zurückgekehrter Vertreter des Fühlorgan-Geschlechts, mit Rehfell gefüttert, austrocknend in einem Zauberbuch seine glorreiche Hand; Focksegel in den täglichen Stürmen bei Dämmerung; kleiner Bär oder Bärenfell; geweihter Buchsbaum, Lorbeer im Gemäuer;
Halt an deine blitzschnellen Zickzacks, an denen plötzlich ein Flügel abbricht.
ZIEGENMELKER, mit der schimmernden Krötenkehle aus Schwedenleder, mit Palmenbaumkrallen, Vogel der Schlösser und Dächer – die Nachtschwalbe ist wie ein Dachdeckeramboß, unverwirrbar im pfeifenden Flug deiner Windklappen; –
Hör mich an.
KRÖTE mit den segnenden Handflächen fünffüßiger Seesterne,
Beschütze mich.
Augengeschmückte EULE, aufrechter Turm mit zwei bewaffneten Männern als Zwillingsfederbusch auf den Zinnen und als Schießscharten einen doppelten Heiligenschein, mitten durch an die Festungsmauern genagelt; tagblind mit überdeckten Zimbeln, goldenen Brüsten mit schwarzen, brandigen Zipfeln, symmetrisch und horizontal über dem Tetraeder deines Brustbeins; mit Augenlidern aus perlgrauer Seide, die wie die Gezeiten des Meeres blinken;
Berate mich.
VOGELSPINNE im Dreieck deines gleichschenkligen Netzes, die Pupillen aus Glas oder Tautropfen, und metallisch glänzend die schwarzen Füßchen, Nadeln, deren achtzinkigen Enterhaken ich auseinanderdrehen möchte mit meinen Elfenbeinfingern, um mein Wismuthhaar damit durchzukämmen;
Verschließe den Tod meiner Wimpern vor der Außenwelt, auf daß ich in der Nacht unter meinem Schädel hervor nachdenke, die Stille nur gestört von dem Pulsschlag, der aus den Adern meiner sphärischen Augen klopft.

Der Chor zieht als Schatten vorbei in den Lichtstrahl, der in schräger Richtung pendelartig aus einem der Augen kommt durch Muskelspannung des Totenkopfes, der sich öffnet. Phosphoreszenz der weißen Streifen auf den Flügeln. Jeder Flügel ist im Spiegel das Farnkrautblatt eines Brustkastens, mit Nervensträngen von geschrumpften Rippen.

DER CHOR:

Strophe:

Mit Blut schattiert der Mond den Strahl seiner Sichel.
Mit Schande auf den Nägeln laufen wir beide und jagen
Die Kandelaber vor uns her wie einen Kranichzug
Am schwarzbemalten Horizont der toten Straßen.

Heiligenbilder, eure verwundeten Augenlider
In dem Zimmer aus dem verstummten Akt applaudieren
Ironisch in ewigem Blinzeln, verdüsternd
Den Blick durch die langen durchlaufenen Straßen ...

Wendet ab von unsren Schatten eure harten Blicke
Wie von einem, den man mit Füßen treten will beim flinken Kriechen;
Der Gaul der Pferdebahn zieht eine finstre Nase.

Die Kandelaber leuchten in gleitendem Winkel;
Mit Blut schattiert der Mond den Stahl seiner Sichel ...
Mit Schande auf den Nägeln laufen wir beide durch die Stadt.

Das Buch aus dem vorigen Akt
Rollt auf den eisernen Schienen dahin und röchelt.
Schlaft, ihr erloschenen Schriften, auf unbestimmte Zeit;
ihr werdet eure Todeshaken nicht mehr zusammenschließen.

Gegenstrophe:

Da unten flieht der Blick von den alten Taschenkrebsen
Über die Brücken, über das Totengeläute der Schiffsglocken.
Auf den Dächern hocken riesengroße Vögel.
Rücken im Winkel der Särge, zieht eure Mäntel an.

Zieht eure blaugrauen Mäntel an, hundertjährige Dächer.
Mondsüchtige Fledermäuse mit silberbeschlagener Nase,

Flattert als Kreuzeszeichen, schwarze Monaden,
Im erratischen Flug des Siebengestirns.

Das Buch hat mich bedrängt mit seinen Eisenhaken
Mehr als die toten Handschriften meine Sinne reizten.
Oh die schweren Kufen auf dem höllisch grünen Eis.

Er sagte: »Jederzeit!« – »Nie wieder!« antworte ich.
»Ich zerquetsch das Gehirn wie einen Schwamm
Und das Gedächtnis«, sagt der Rabe Traumschnabel.

Auf den Dächern hocken riesige Raben;
Die Dächer stammen von den Särgen, welche Hämmer an den Mondhimmel genagelt haben.
Wind
Heb nicht empor
Das veilchenblaue Dach auf der weißen Klostermauer:
Erloschene Liebe, gesegnet vom Sendboten Reiher!

Nachgesang:
Die Zeit unter den Pandangen bläst in ihr Horn.
Das Greislein lacht und zieht auch noch Grimassen,
Hinsinkend unter dem finstren Halali der Blechinstrumente.
Chamäleons mit ihren meergrünen Schleppen
Sind aus den Weinbergranken über den Lachen
Und aus dem grünen Grab erloschener Leidenschaften.
Teuflische Mähren,
Bischöfe reiten verkehrt herum auf ihren Hirtenstäben,
Chamäleons fliegen auf zum matten Firmament.

Gold flammt auf und leuchtet und zieht Streifen am opalfarbenen Himmel
Zwischen seinen langen Habichtkrallen an blassen Händen
Am matten Firmament
Das Buch unter fliegenden Raben mit seinen verblichenen Zeichen.

Der Lichtstrahl auf dem Bett zeichnet eine langgezogene sternenbleiche Scheibe, Wassertropfen im Sonnen-Mikroskop, worin amöbenhafte Schatten kriechen. Haldern, aus seiner

Meditation erwacht, kreuzt den Zyklopenblick des kalkweißen Kopfes.

HALDERN: Ich werde ihn töten, denn ich verachte ihn als unkeusch und bestechlich: denn die Schönheit soll, bei Strafe des Verlusts, sogar als Sklave nur eine gleiche Schönheit erwählen; – denn noch ist er stolz und wird das Abenteuer verfälschen – denn man muß nach guter Gottesweisheit das Tier zerstören, mit dem man gehurt hat; – denn ... – Aber seit fünf Tagen schon reagiert er überhaupt nicht auf meine Herausforderung. Sollte er feige sein? Wolle der Himmel, daß er es wäre und nicht umkäme wie jener Page, den mein Freund aus Montevideo gegen einen Baum schleuderte und in seiner Hand nur das blutige und rote Haar zurückbehielt, also mißbrauchend die Überlegenheit seiner Körperkraft. Doch nein, er ist es nicht und liebt mich noch, und ich höre seinen Schritt auf der Treppe, die er zum letztenmal am ... hinunterstieg – an welchem Tag? Verflucht, es war am Totensonntag! Käme er doch herauf!

Halt, ich werfe ihn dir an den Fuß meines Bettes, Totenkopf, der du da gaffst aus deinen Habichtsflügeln; leg sie übereinander und presse sie zusammen, die eisernen Flügel, wie Apega, Gemahlin von Nabis oder die Eiserne Jungfrau von Nürnberg. Ramm deine steifen Federn in sein Fleisch. Stich ihm die Augen aus mit deinen angeklebten Wimpern und zeichne seine Wange mit dem umgekehrten Herz deines Nasenbeins! Mut, Müller, wiege mich ein mit dem gleichmäßigen Klappern deiner Zähne. Die Nägel seiner verkrampften Hand gleiten und knirschen auf deiner polierten Stirn, aber deine aufgesperrte Kinnlade lähmen sie nicht. Die Finger fallen ab wie Raupen von einem verbrannten Baum. Er wird nicht mehr reden – und das ist alles, was ich für ihn bedauerlich finde. Doch welche Rede mit dem gewaltigen Rhythmus deiner Mühlsteinkiefer vergleichen?

Epilog

In dem dreieckigen Wald, nach der Abenddämmerung.

DER CHOR: *(Seine Stimme, die zuerst fast noch kraftlos murmelt, donnert allmählich hell heraus)*

Die hohen Hüte der schwarzen Yankees
Vergleichen im vergessenen Himmel
Die drei Pfeiler der SANDUHR.

Die Siesta der langen Schenkel legt
Ihre weißen mystischen Xe übereinander.
Die Spitze unsrer Bärte wird im Windstoß zerzaust.

Mag die Kugel unserer Kutten,
Rosen-Abglanz auf fließendem Blut,
Den Toten suchen, Mumie im Gold der Dämmerung;

Und die Sanduhren, umgewendet,
Spenden von oben Sand dem Verdammten
Die ganze Nacht vor dem EWIGEN JUDEN, gemäß der Nacht Null.

Ist die Sanduhr aus Alabaster gefüllt,
Kann das weinende Herz nicht schlagen.
Sowie es unter den Eiben liegt, sind unsre Ibisfüße auf den Mooren.

Fallen wird das kommende Licht
In die verbleiten Kirchenfenster der Wälder
Auf unsre gewohnte Arbeit von Totengräbern.

Auf der Klage der Alraunen
Der Passionsblumen Erbarmen
Kommt der weiße Wurm der Leichenzüge hervor aus seinen Höhlen.

Der Chor, DEN MAN NIEMALS GESEHEN HAT, *läßt den Hintergrund durch sein geschwefeltes spitzbogiges Chorhemd hell werden. Es erscheint:*

Der weiße Wurm der Leichenzüge kommt hervor aus seinen Höhlen!

Der Alte vom Berge

. . . Der Schnee.
. . . Meine Stricke wenden sich den Tannen zu.
Villiers de l'Isle-Adam.

Personen:
ALAODINE DER VATERMÖRDER, Scheich der Berge
DSCHINGIS-KHAN, Fürst der Tartaren
MARCO POLO
PRINZESSIN BELOR, Tochter des Priesters Johannes
DER CHRISTLICHE ASTROLOGE
DER SKYTHE ALBANUS
ALAU, Herr der Levante, und seine Barone
DER MANTICHOR

Ort der Handlung: In den Riphée-Bergen vor dem Schloß Alamut und im dritten Akt in der Ebene von Tangut.

Erster Akt

Marco Polo und Dschingis-Khan vor dem Schloß Alamut.

Marco Polo: Seht her, Herr der Tartaren, hier sind die beiden Berge und das Schloß.

Dschingis-Khan: Sire Marco, kluger Lateiner, Ihr hattet mir geschworen, mir Öl aus der Lampe des Grabmals von Jerusalem zu bringen, und Ihr seid meineidig geworden.

Marco Polo: Herr der Tartaren, ich konnte die Erlaubnis des Papstes nicht erhalten, weil der Papst gestorben war. Genau zwei Jahre hab' ich gewartet, ob man einen anderen ernennen würde, und nach diesen zwei Jahren bin ich nach Clemeinfu zurückgekehrt, wie es Eure goldene Tafel vorschrieb. – Ich werde Euch etwas weitaus Kostbareres besorgen als Öl aus dieser Lampe, das man nicht trinken kann. Nicht ohne Grund habe ich Euch durch die Gletscher der Riphée-Berge geführt zu den Wächtern der Karfunkeln: hinter dem Schloß, das zwischen diesen beiden Bergen liegt, ist das Tal des Paradieses.

Dschingis-Khan: Ruft flugs mein Heer herbei, damit wir dieses Paradies in mein Königreich schaffen.

Marco Polo: Das Schloß, einziger Zugang zum Paradies, ist uneinnehmbar. Es wird das beste sein, wir klopfen demütig an die Tür seines Besitzers und unterwerfen uns seinem Willen.

Dschingis-Khan: Sire Marco, man hat Euch zu Recht Polo, den klugen Lateiner, genannt, und ich werde Euch mit einer noch größeren goldenen Tafel und vierzehn Viermastern nach Venedig zurückschicken. Klopft also an das Tor des Schlosses.

Zweiter Akt

Erste Szene

Die gleichen wie im ersten Akt, dazu Aladine im Schloß.

ALADINE: Wer klopft da an?

MARCO POLO und DSCHINGIS-KHAN: Marco Polo, der edle Venezianer und Dschingis-Khan, der Herr der Tartaren.

ALADINE: Was wollt Ihr?

MARCO POLO und DSCHINGIS-KHAN: Das Paradies auf Erden, wie es Adam hatte und den Trank, der den Augen die Kraft gibt, es zu sehen. Den Trank gib uns anstatt des Öls aus der Lampe von Jerusalem, das zu erlangen uns der Papst die Erlaubnis nicht geben konnte, weil der Papst gestorben ist.

ALADINE: Es wird Euch geöffnet werden.

Eine Hand kommt heraus mit einem Trinkbecher.

Trinkt und tretet ein, obgleich das Tor sich nicht öffnen wird; denn wer trinkt, tritt ein.

MARCO POLO: Dieser Trank hat den lauchartigen Geruch, den der Samen von Gehenkten hat.

DSCHINGIS-KHAN: Dieser Trank hat den gleichen faden Geschmack, den das Blut eines Mannes von königlichem Blut hat, den der Mantichor zerfetzte.

Marco Polo und Dschingis-Khan beginnen nun das zu beschreiben, was sie kraft und dank des Trankes sehen, obgleich der Dekor unverändert bleibt.

MARCO POLO: Wer hat die Sonne und den Mond wie zwei Lampen angezündet, damit sie über den beiden Bergen leuchten, die gleich zwei Lichtnelkenobelisken auf beiden Seiten des Schlosses stehen?

DSCHINGIS-KHAN: Der Mond, der über dem linken Berge steht, schüttet Silberasche auf die beiden Flüsse aus Milch und Wasser zu meiner Rechten.

MARCO POLO: Die Sonne, die über dem rechten Berge steht, spritzt Goldpollen auf die beiden Flüsse aus Honig und Wein zu meiner Linken.

DSCHINGIS-KHAN: Wie sollen wir in dieser ewigwährenden Klarheit die Nacht vom Tage unterscheiden, edler Marco?

Marco Polo: Je nachdem, wie Mond und Sonne über ihren Lichtnelkenobelisken stehen, großer Herr der Tartaren.

Alaodine: *(im Schloß)* Gehen wir hinaus vors Schloß, christlicher Astrologe, ich glaube, daß ich mit meinen Gästen sprechen kann.

Zweite Szene

Dschingis-Khan, Marco Polo, der christliche Astrologe, Alaodine.

Dschingis-Khan: Welches Wunder hat uns von neuem der strengen und arglistigen Kälte dieses Gebirges ausgesetzt, und wie geschieht es, daß die beiden Gestirne rot verglühen?

Alaodine: Ich habe für Euch, Marco Polo, kluger Lateiner, und für Euch, großer Khan und Herr der Tartaren, das Paradies erschaffen und zerstört.

Dschingis-Khan: Wir bewundern Euch, Prophet. Inständig bitten wir Euch, Prophet, die Himmelslampen zur Rechten und zur Linken Eurer Herrlichkeit wieder anzuzünden.

Alaodine: Es soll geschehen, vorausgesetzt, daß Ihr mir schwört, auf meinen Befehl hin zu töten.

Dschingis-Khan und Marco Polo: Wir werden töten.

Sie trinken.

Dschingis-Khan: An der Quelle der vier Ströme entspringt der wahre Jungbrunnen, vereist zu einem Stein, der weder ein Rubin noch ein Opal, weder ein Karfunkel, noch ein Diamant ist, und der teil hat an ihren vier Wesenheiten.

Marco Polo: Und überm Brunnenrand entsteht eine schöne Frau, wie es auf dieser Welt keine schönere mehr gibt.

Es erscheint nun das Bild der Prinzessin Belor, Tochter des Priesters Johannes, und eines Mantichors, ein dem Panther sehr ähnliches Raubtier.

Dritte Szene

Die Prinzessin Belor, der Mantichor, Dschingis-Khan, Marco Polo, der christliche Astrologe, Alaodine.

Alaodine: In diesem Phantom seht Ihr das wahre Bildnis der Prinzessin Belor, Tochter des Priesters Johannes, der es in niederträchtiger Weise abgelehnt hat, mir seine Tochter für mein Paradies zu geben. Seid Ihr entschlossen und beherzt genug, den Priester Johannes zu töten?

MARCO POLO und DSCHINGIS-KHAN: Wie Ihr befehlt!

DER CHRISTLICHE ASTROLOGE: Wie schön sie ist, die Prinzessin Belor!

PRINZESSIN BELOR: Mein Vater, nehmt Euren Priesterrock von meiner Schulter, damit ich meine Arme nach diesem edlen jungen Venezianer ausstrecken kann, während sein Freund, der Granseigneur, bis zu den Knien in den Jungbrunnen steigt.

DER CHRISTLICHE ASTROLOGE: Wie schön sie ist, die Prinzessin Belor! Geh, Drache, weich zurück! – Herr Jesus, Du hast gesagt, wer mit seinem Auge gesündigt hat, soll es ausreißen und wegwerfen. Hier sind meine sündigen Augen, die ich aussteche und im Wasser des Jungbrunnens zu Wasser werden lasse, damit sie sich vermischen mit den vier Flüssen des Paradieses.

Der Mantichor verschlingt nun die blutigen Augen des christlichen Astrologen und schnappt dann nach den Knien Dschingis-Khans, der glaubt, in dem belebenden Brunnen zu stehen.

DSCHINGIS-KHAN: Es wird zweckmäßig sein, den Priester Johannes zu töten, sobald meine von der Reise ermüdeten Beine wieder kräftig geworden sind in dem verjüngenden Brunnen, dessen Wasser aus Karfunkel, Rubin, Diamant, Opal sowie aus dem Blut und dem Wasser Christi, dem Gott der Christen, besteht.

ALAODINE: Der Rachen des Mantichors ist der steinerne Rand des Brunnens, wie die Hölle den vier Reitern bis ans Ende der Welt folgen wird, hat ein Kind gesagt, das von einem Adler, Ganymed oder dem Heiligen Johannes geraubt wurde. Laßt uns das Blut in einem Becken auffangen, denn es hat die Farbe königlichen Bluts. Wie zwei wurzellose Zähne rollen die beiden Beinstümpfe im Rachen des Mantichors hin und her.

DSCHINGIS-KHAN: Wie mild das Wasser ist, das sich wie Brillen aus rosa Glas in zwei Kreisen um meine Schenkel schmiegt.

MARCO POLO: Getreu meinem Wort werde ich dem Scheich, dem Propheten der Berge, die Prinzessin Belor zuführen, damit er sie ständig in seinem Paradiese sieht und hört, wie sie singt und auf den Instrumenten spielt.

Prinzessin Belor: Mein Vater, ich weiß, daß man Euch heimtückisch töten wird, aber indem ich es nicht verhindere, lade ich nicht mehr Schuld auf mich, als dieser weise Greis, als er seinen Vater Hasan-ibn-Sabban erwürgte. Und Aladine, der Scheich der Berge, das Oberhaupt der Assassine, ist ein großer Prophet, und er wird mich in seinem Paradies mit dem jungen edlen Venezianer vereinigen.

Aladine: Ich werde diese beiden Fremden unverzüglich gegen den Priester Johannes in den Krieg schicken. Stolpern Sie nicht über die Stufen, Herr Astrologe, und geben Sie acht, daß Sie nicht die leichte Rauchsäule zerstören, die dieses Phantom ist.

Dritter Akt

Die Ebene von Tangut. Dschingis-Khan, auf einem Haufen Sägespäne sitzend, Marco Polo in Kriegsausrüstung, der christliche Astrologe, der Skythe Albanus.

Dschingis-Khan: Wo sind die beiden Berge und das Schloß? Der Brunnen ist um die Muskeln meiner Beine herum eingefroren und Fuß und Schenkel wurden abgetrennt vom harten Wasser. Wem ist dies Blut? Ein Teil meines Körpers zerschmolz wie Wachs im warmen Wasser. Der Brunnen muß rot sein von Blut. O Prophet, führ mich zurück ins Paradies. Ich werde zwischen den Beinen des Priesters Johannes schwanken, um ihn zu töten, meine Stümpfe in einem Verband und bis zum Hintern behelmt. Mein Wohltäter wird mich mit dem Fuß zertreten, und ich werde ins Paradies kommen, aber auf welchem der vier Flüsse? Die Milch heilt, der Honig zieht die Fliegen auf die Wunden an, der Wein brennt, und im Wasser sieht man das Rot. Leider! *Er stirbt.*

Marco Polo: Nun, da der große Khan tot ist, muß ich allein gegen den Priester Johannes in den Kampf ziehen, falls ich sicher bin, Sieger zu werden; denn indem ich dieses Paradies auf Erden erhoffe, bin ich ein Ketzer und werde in der Todsünde sterben. Skythe Albanus mit der grünen Pupille, der Ihr besser als ein Luchs durch die Berge hindurchseht und besser als ein Gehörnter Nachtrabe die fernen Worte hört, was sagt im Augenblick der Priester Johannes?

Der Skythe Albanus: »Wie kann Aladine überhaupt die Vermessenheit besitzen, meine Tochter für sein Paradies von mir zu fordern? Weiß er denn nicht, daß er mein Sklave und mein Untergebener ist? Kehrt also zu ihm zurück und sagt ihm, daß ich eher meine Tochter verbrenne als sie ihm zu geben, und daß ich ihn töten lassen müßte als einen Verräter an seinem Herrn.«

Marco Polo: Seht und wißt, wer Sieger ist.

Der Skythe Albanus: Die Augen sehen nicht in die Zukunft.

Marco Polo: Christlicher Astrologe, Ihr seid blind, seht und wißt, wer Sieger ist.

Der christliche Astrologe: Zwei Hälften eines Schilfrohrs liegen auf der Erde, die eine gehört Euch, die andere dem Priester Johannes. So wie eine die andere überwältigen wird, ohne daß jemand sie berührt, so werdet Ihr oder er den Sieg davontragen.

Marco Polo: Man schlage die beiden Astrologen mit Ruten und jage sie zum Feind: den Skythen Albanus, weil er die Zukunft nicht gesehen hat; den blinden Christen, weil er sie enthüllt hat, obgleich Unser Herr die Wahrsagerei verboten hat. Berichtet also, Ihr Überläufer, dem Priester Johannes, daß ich ihn und sein Heer allein vernichten werde, denn ich weiß mit Sicherheit, wer den Sieg davontragen wird. – Und Aladine, das Oberhaupt der Assassine, mein Meister und Prophet, der es vermochte, seinen zur Unsterblichkeit bestimmten Vater Hassan umzubringen, hat mich die Kniffe gelehrt, um mit der stumpfen Degenspitze unverwundbar zu sein, ohne anderen Schild als die rauschende Muschel, wohlklingend wie das Geräusch des Meeres.

Hier macht Marco Polo verschiedene Fechtübungen mit seinem modernen Schwert, wozu man irgendeine Orgelmusik vernimmt.

Prime, die Gebärde der Scham;
Sekunde, die Gebärde des Ruderers;
Terz, der Drache, der den Baum erklettert;
Quart, der Rasierer, der den Bart schert;
Quinte, der Holzfäller, der den Baum fällt;
Sexte, der Soldat, der mit seiner Armbrust schießt;
Septime, der Schnitter, der die Beine abschneidet;
Oktave, der Tod, der die Saiten der Harfen zerreißt.

Hier macht sich Marco Polo auf den Weg zum Priester Johannes.

Marco Polo führt Aladine die Prinzessin Belor zu und bringt ihm auf der Spitze seines Schwertes das Haupt des Priesters Johannes.

PRINZESSIN BELOR: Marco Polo, ich liebe Dich, weil Du meinen Vater getötet hast und durch diese Tat in allem dem Vatermörder Aladine, unserem Scheich und großen Propheten, ähnlich geworden bist.

ALADINE: Edler Marco, da Ihr getötet habt, will ich Euch, obgleich Ihr noch nicht tot seid, in den Genuß dieses Paradieses und dieser Dame kommen lassen. So trinkt denn.
Marco Polo trinkt.

PRINZESSIN BELOR: Marco Polo, wir müssen nun vor Mohammed und seinem Propheten sofort unsere Hochzeit feiern; hier ist mein goldenes Halsband als Ehepfand.
Aladine legt sich die Goldkette um seinen Hals und streift Marco Polo einen Strick aus gelbem Hanf um den Hals. Als spreche er zu Belor, spricht Marco Polo in die leere Luft.

MARCO POLO: Dein goldenes Halsband und Deine weißen Amberarme um meinen Hals sind wie die Strahlen der Sonne und des Mondes auf den beiden Lichtnelkenobelisken, wie die vier Flüsse aus Wasser, Milch, Honig und Wein, die um den Garten führen.
Hier hebt Aladine Marco Polo in die Luft, so daß er von der Mauer des Schlosses herabhängt.

PRINZESSIN BELOR: Niederträchtiger Greis, laßt mich zu meinem edlen, jungen Venezianer gehen, der dort stirbt und glaubt, in meinen Armen Hochzeit zu feiern.

ALADINE: Er hat Euch durch die leere Luft hindurch besessen und doch behalt ich Euch als Jungfrau hier in meinem Garten. – Ich muß nun den Samen des jungen Lateiners auffangen, wie ich das Blut des Herrn der Tartaren aufgefangen habe. Aus diesem Samen, diesem Blut und den ausgelaufenen Augen des christlichen Astrologen werde ich andere Getränke und Paradiese brauen für die nächsten Assassine.
Hier nötigt Aladine die Prinzessin Belor ins Schloß und schließt die Tür.

Fünfter Akt

Erste Szene

Alau, Herr der Levante, der christliche Astrologe, der Skythe Albanus vor dem Schloß Alamut.

ALAU, HERR DER LEVANTE: Was geschieht in diesem Schloß?

DER CHRISTLICHE ASTROLOGE: Das Schloß ist stumm, denn es ist unzugänglich und braucht keine bewaffneten Männer; dort an der Mauer baumelt an einem goldenen Strick ein Mann, den man vor nicht allzu langer Zeit erhängt hat.

DER SKYTHE ALBANUS: Ich sehe durch die Mauer hindurch, daß sie beim Schmause sitzen mit Tänzen, mit Musik und Frauen.

ALAU: So möge das Heer sich darauf vorbereiten, sein Winterlager in diesen Riphée-Bergen aufzuschlagen, und das ganze Land von Mulekt zu plündern, denn wir werden ein Jahr lang warten, bis die Hungersnot im Schlosse ausbricht.
(Vorhang)

Zweite Szene

Die gleichen Personen.

ALAU: Was geschieht im Schloß?

DER CHRISTLICHE ASTROLOGE: Das Schloß ist stumm wie im letzten Winter; an einem goldenen Strick hängt ein Skelett, das klirrt.

DER SKYTHE ALBANUS: Hinter den dicken Mauern sitzen sie beim Schmause und verzehren die goldenen Früchte des Gartens.

ALAU: So möge das Heer sich für einen weiteren Winter einrichten und die mächtige Stadt Sapurgan plündern, denn wir werden noch ein Jahr warten.
(Vorhang)

Dritte Szene

Die gleichen Personen.

ALAU: Sind sie tot?

DER CHRISTLICHE ASTROLOGE: Das Schloß ist stumm, als gäbe es kein Schloß; leer pfeift der Wind hinter dem Goldstrick her. Und in der Luft ist Knochenstaub.

DER SKYTHE ALBANUS: Hinter dem Schloß, im Paradies, in dem der Frauen Skelette sind, haben die Assassine sich gegenseitig umgebracht, damit Alaodine sich von ihrem Fleisch ernähre und ihnen auch nach ihrem Tod weiterhin das süße Leben mit Musik und Tanz, mit goldenen Früchten und mit Frauen biete.

DER CHRISTLICHE ASTROLOGE: Das Tor öffnet den Mund zum Sprechen.

Vierte Szene

Die gleichen Personen, dazu Alaodine.

ALAODINE: Wer hat gesprochen? Wer hat an mein Tor geklopft? Seit drei Jahren schon klopft man an mein Tor.

ALAU: Ich, Alau, Herr der Levante, spreche zu Dir, Alaodine, Scheich dieser Berge und Schloßherr von Alamut. Ich schenke Dir das Leben, und Deine beiden Überläufer, der Skythe Albanus und der christliche Astrologe sollen Zeugen sein, wenn Du das Paradies, das hinter Deinem Schlosse liegt, meinem Heere öffnest.

ALAODINE: *schweigt und träumt.*

ALAU: Ich schenke Dir das Leben, Alaodine, wenn Du nur mir allein, dem Fürsten der Levante, das Paradies erschließt, das hinter Deinem Schlosse liegt. Wenn Du mir nur einen Blick gewährst ins Paradies, das hinter Deinem Schlosse liegt.

ALAODINE: *schweigt und träumt.*

ALAU: Alaodine, wenn Du das Paradies verbrennst, das unzugänglich hinter diesem Schlosse liegt, laß ich Dir die Augen ausstechen wie diesem christlichen Astrologen und Dich verstümmeln wie diesen Skythen Albanus, der durch die Berge sehen kann.

ALAODINE: *(seinen Trinkbecher ergreifend)* Auf Dein Wohl, Alau, Fürst der Levante, erhebe ich diesen Becher, um die vier Flüsse aus Wasser, Milch, Honig und Wein des Paradieses zu trinken, das hinter meinem Schlosse liegt. Das ist alles, was Du davon sehen wirst. Das Paradies mit den vier Flüssen, den Tänzen, den Frauen, den goldenen Früchten und der Musik und alles das, was trotz der Hungersnot wieder ersteht, bleibt hinter dem Schlüsselloch meiner uneinnehmbaren Festung. Der Skythe Albanus, der durch die Mauern sieht, und dieser blinde Christ, der nicht die Mauern sieht, sind Zeugen, wie ich an den vier Flüssen trinke, und ich habe die vier Flüsse aus Wasser, Milch, Honig und Wein getrunken und das Paradies und mein Schloß Alamut.

Er wirft seinen Becher den Berg hinab.

ALAU: Tötet den Alten!

Die Barone erscheinen und gehorchen.

DIE BEIDEN ASTROLOGEN: Alau, Herr der Levante, und Ihr, Barone:

DER SKYTHE ALBANUS: Es gibt kein Paradies mehr und auch kein Schloß mehr, die Sonne und Mond sind über dem zweifachen Lichtnelkenobelisken erloschen, die Riphée-Berge werden weiß, und wir werden in der bitteren und strengen Kälte der Berge umkommen.

DER CHRISTLICHE ASTROLOGE: Es hat nie ein Paradies und ein Schloß gegeben.

Die Mauer und die Schneegipfel fallen zusammen.

Die andere Alkestis

Drama in fünf Erzählungen

Personen:
Salomon
Balkis, Königin von Saba
Doppelhand
Roboam
Der Wesir Assaf

Der Todesengel ist meinem Herrn mit sechs Gesichtern erschienen, mit denen er die Seelen der Bewohner des Ostens, des Westens, des Himmels, der Erde, der Länder Jadjudi und Madjudi und des Landes der Gläubigen einsammelt. Und er hat meinem Herrn sein sechstes Gesicht zugewandt. Nun werden aber die Dschinns, die im Tempel arbeiten und dort mit dem vom Raben besorgten Stein Samur lautlos die Metalle schneiden, den Fall des Körpers des Propheten auf den Fußboden seines Kristallsaales hören und den Bau nicht vollenden wollen. Sie sehen meinen Herrn aufrecht zwischen den durchsichtigen Mauern stehen, auf seinen Zedernstock gestützt; und wenn der Engel ihm in dieser Haltung die Seele fortnimmt, wird der leuchtende Fußboden, von dem irdischen Körper angestoßen, erst dann zu vibrieren beginnen, wenn der Stock, von den Würmern zernagt, durchgebrochen ist. Und vielleicht wird der Tempel vollendet werden. Ich habe meinem Herrn geraten, seine Hände auf eine unzerstörbare Goldrute zu stützen, damit die Dschinns ihn auf ewig im Kristallsaal stehend wissen. Doch der Prophet will nicht verhindern, daß die Würmer eine ewige Lüge widerlegen, und der Engel hat die grüne Seidenhülle vorbereitet, in die seine Seele hineingeblasen wird, und sie einem grünen Vogel anvertraut, der sie vor das Gericht der beiden Engel Ankir und Menkir bringen wird. Doch ich habe meine Blicke zum Himmel erhoben, und Königin Balkis, die Frau des Salomon, die seinetwegen dem Sonnenkult abgeschworen hat, wird sich bereiterklären, dem Engel ihre eigene Seele anzuvertrauen, der sie in die grüne Seidenhülle hineinblasen wird, und der Todesengel, in welcher Form auch immer er erscheinen mag, wird eine eingehüllte Seele empfangen, um sie dem Vogel Simurg anzubieten, denn die Seele soll durch das Gebiet der Luft und des Feuers ins Paradies der Gläubigen gelangen; und einen Sternenleib für den mißgestalteten Schiffer, der ihn durch das Land der Moore bringen wird. So wird Salomon mit Leib und Seele bis zur Vollendung des Tempels leben.

II *Erzählung Doppelhands*

Ich habe den Wesir Assaf, seinen Krummsäbel in der Hand, um den Kristallsaal irren sehen, denn der Saal hat dreihundertfünfundsechzig Türen, und er weiß nicht, durch welche ich eintreten werde, um zu seinem Herrn zu gehen. Ich will nicht sofort Salomons Seele nehmen, sondern ich möchte etwas, das von ihm kommt und an seiner Weisheit und der Pracht seines Leibes teilhat. Ich will mit meiner Schere zum wenigsten ein Büschel von der Reinheit seines Bartes pflükken: da sein Schädel wie ein poliertes Gewölbe die Kammer seines Gehirns abschließt, wo gelehrte Dschinns seine Intelligenz zusammenbrauen. Doch wenn ich mit meiner Schere diesen sichtbaren Fühler vom Geiste des Königs der Propheten abgeschnitten habe, wird das Blatt, an dem der Ursprung seines Lebens hängt, vom Baume Sidrat-Almuntaha herabfallen, der grüne Vogel wird seine Seele verzehren, und sein Astralleib wird im Schatten meiner Ruder über die stillen Wasser gleiten, die vor dem Paradies der Gläubigen sind.
Möge es Gott gefallen, daß mir diese Genugtuung zuteil wird, und daß ich nicht, an eine der Türen des Kristallsaales klopfend – lieber würde ich meine winzige Schere mit dem Rundsäbel des Wesirs kreuzen – den auf dem durchsichtigen Fußboden ausgestreckten Leichnam finde, die Seele in jene Höhen entflogen, in denen der Simurg haust, der Astralleib in der beweglichen Luft schwebend, um sich auf dem Vorderteil meines Bootes hinter mich zu setzen, mir durch sein leichtes, doch auf meinem Boot noch schwächeren Gewicht kundtuend, daß ich zur Gerechtigkeit und Gerichtsbarkeit Ankirs und Menkirs rudern muß.

III *Erzählung der Balkis*

Mein Führer erwartete mich in dem Boot, das dem Panzer einer vertrockneten Schnecke glich. Und zuerst habe ich die Moore nicht gesehen wegen der gedrängten Myriaden von Augen von Linsen, dem Kleid eines grünen Pfaus ähnlich, und ich habe das Gesicht meines Führers nicht gesehen, sowenig wie er das meine gesehen hat. Sein Rücken schien mir

bronzedurchzogen oder von Schuppen bedeckt, Myrthenblättern sehr ähnlich, wie es die der Natter sind. Und seine sehr langen Arme verloren sich im seitlichen Wasser, wie wenn der große Moorkäfer, dessen Panzer unser Boot war, mit dem haarigen Mittelpaar seiner Beine gerudert hätte. Und nach dem Anblick seines grünen Rückens gingen rote Männer mit Vogelgesichtern und geraden Kleidern nacheinander vor meinen Augen an beiden Seiten des Bootes entlang und nannten ihn mehrere Male DOPPELHAND.
Und mit der Bewegung nahm ich das Wasser wahr und das Ende der Linsenkruste, worauf ein beweglicherer Spiegel folgte.
Wesen wie Eier aus festem Quecksilber schrieben und beschrieben alle Zahlen und das Zeichen der unendlichen Größe, ihre Blitze auf das Sandblech schiebend. Ich wandte ihnen meine Augen zu und sie vom Ruderer ab, und wieder erschienen die roten Männer. Der eine sagte:
»Doppelhand! was trägst du in deinem angenagten Boot? Ist es nicht Salomon? Was gibt es Schöneres als das Nützliche und wundervoll ausgerichtete Tontöpfe?«
Und dieses noch nicht aus dem Vorhimmel gekommene Wesen sagte, sein Menschenname in der Zukunft sei Xenophon.
»Friede!« rief mein Führer, wenn er mit den roten Männern sprach oder die Quecksilberschlittschuhläufer anrief, die vor dem Boot herliefen; »Friede! oder das glatte Wasser wird bei meiner Stimme schmutzig und aufgewühlt werden und eure Stahlfüße werden in die Knochen der Erde einsinken.«
Nachdem er gesprochen, rudert er.
»Was gibt es Schöneres«, sagte Xenophon, »als geometrisch angeordnete Flächen?«
Und er weicht aus, von einem großen, langen Insekt verjagt, das mit fadenförmigen Gliedern über das Wasser läuft.
Bei den Stimmen und dem Lärm platzten die kreiselnden Quecksilbereier auf dem Wasser und breiteten dabei Fleischflügel aus und bluteten in der Luft das Blut der Pinien; platte Wesen, Hornfüßen mit gerupften Fersenflügeln ähnlich, stiegen zur Wasseroberfläche empor wie die Moorwachteln. Doppelhand murmelte, daß es an der Zeit sei, seine Arme bis zum Buch hinabzutauchen und blätterte im Hydrophilus.
Und er grub aus der Tiefe einen monströsen, pechfarbenen Käfer aus, dessen dreieckiger Bauch über dem Herzen wie ein

Fenster verglast war, setzte ihn im Boot auf den Steg seiner Beine und, die beiden Flügeldeckel weit öffnend, blätterte er in den entfalteten Flügeln. Meinen Blick den Mooren zuwendend, sah ich die rote Form wieder auftauchen, und Xenophon höhnte:
»Du wirst Salomon nicht eintragen.«
Doppelhand, über das lebende Triptychon gebeugt, stand ingrimmig auf; und es schien, als habe er auf dem Vorderteil des Bootes einen Bug und in der Mitte des Bootes ein klatschendes, tönendes Segel, und über dem Segel eine aufgerollte Flagge und dazwischen eine rötliche Laterne. Und er kreuzigte an den Mast den großen Käfer, die offenen Flügel flatternd, die dreieckigen, verglasten Rippen rosa leuchtend. Das Boot schwamm schneller und drang in den grauen Nebel zwischen aschigen Formen ein. Und in dem Augenblick, in dem es die helle Gegend verließ, sagte Xenophon:
»Was gibt es Schöneres, oh Doppelhand, als Schuhpaare, die in militärischer Ordnung in einer Reihe stehen? Du trägst Salomon, ha ha, und seine Seele.«
Und wir waren auf einem verlassenen Wasser, das Metallkarussell drehte sich immer noch, hinter uns jetzt, unter dem niedrigen Himmel. Blasen platzten mit einem kleinen Rauch. Die Pein des Käfers surrte gegen uns.
Und wir *kehrten* mitten in die zerstreute Flucht der Wasserwesen *zurück,* Doppelhand umgekehrt in dem an beiden Enden spitzen Boot, das nicht gewendet hatte, mir ins Angesicht rudernd und sagend:
»Hydrophilus, verzeih! ich werfe mich vor deinem gekrümmten Rücken und dem keilförmigen Winkel deines Bauches nieder. Erlaube mir, daß ich mich ohne Angst nähere und dich von deinen Nägeln befreie. Das Brummen deiner Flügel um deinen gellenden Körper ist entsetzlich. Buch, schlag deine Blätter zu, auf die ich beinahe die seelenlose Häßlichkeit geschrieben hätte. Helene! Helene! Hier ist der in der Mitte künstlich gedrosselte Leib, der die Anmaßung besitzt, das Zeichen der unendlichen Größe darzustellen, wenn er liegt; am oberen Teil die beiden in der Mitte zerquetschten und wundgeriebenen Drüsen, die sich auflösen und zerfallen, wenn ein unbewußtes Wesen, bevor es den Adel erworben hat, Knochen zu zerstoßen, anfangen soll, von Fäulnis zu leben, nachdem es aus dem Blut und dem Ei-

ter eines aufgestochenen Tumors ausgekrochen ist, weil ein Mensch unüberlegt auf das Schimmelbüschel uriniert hat, das die Schande und die immer eiternde Wunde der inneren Aufgedunsenheit verbirgt. Helene! der Mensch kann den Gebrauch dieser Wunde nur dadurch plagiieren, daß er als Trugbild den von Gott zur Ausscheidung des Kehrrichts des Körpers verdammten Ausgang anbietet. Hydrophilus! du, der du dich wie alle in der Hölle von Exkrementen ernährst, nimm dieses (vielleicht wirst du dann meine kürzliche Heftigkeit verzeihen) und nimm auch auf deinem Bauch und in deinen Luftröhren atembare Luft mit in den Schlamm des Moores, denn (Hydrophilus verschwand unter dem Wasser, dem Lande der Lebenden entgegen, mich zwischen seinen Beinen knetend), ich sehe auf der Oberfläche des Wassers nicht die kleine Blase aufsteigen, die zu Rauch zerplatzt und beweist, daß der Körper eine Seele auszuatmen vermag.«
Als er gesprochen hatte, schwebte über unserer meergrünen Flucht der zerbrochene Flug des Widerscheins seiner Ruder.

IV *Erzählung Salomons*

Es ist nutzlos, daß ich einen aus vier Steinen gebildeten Ring habe, der mir alle Gewalt gibt über die Welten der Geister, der Tiere, der Erde und der Winde. Ich erinnere mich nicht mehr an die Losungen, die auf den vier Steinen eingeschrieben sind, wohl aber an die Maxime des Adlers, daß, so lange das Leben auch währt, es nur eine lange Verzögerung des Todes ist. Und ich erinnere mich auch an den Spruch des Hahns: Denkt an Gott, oh ihr leichten Menschen. Aber die schönste Maxime von allen ist die des Falken, daß man Mitleid haben muß mit den anderen Menschen. Um den beiden Maximen des Falken und des Hahnes zu gehorchen, möchte ich meinen Tempel vollendet haben, damit Gott nach mir würdig unter den Menschen gerühmt werde. Nach meinem Tod wird kein Mensch meinen Ring überstreifen können, ohne zu Asche zu werden, und die Geister, die auf meinen Befehl den Tempel erbauen, werden sich in einem Wirbel auflösen.
Es wäre nicht ungerecht, wenn irgend jemand, wie es mir

mein Wesir Assaf angeraten hat, meinen Platz vor dem Abgesandten des Todesengels einnähme. Oh, hätte ich es doch jenem kleinen Mann gleichgetan, der in meiner Gegenwart gestorben ist, nachdem er, als eine Sternschnuppe vom Himmel fiel, den Wunsch ausgesprochen hatte, so lange zu leben, bis er dem größten Propheten begegne! Mein Vater David ist tot; und ich habe Gott gefragt, ob es möglich sei, den frommen Aberglauben meiner Frau Balkis zu vereiteln: denn man soll keine Frauenseele für die Seele eines Propheten eintauschen; und ich erinnere mich, daß ich sie, bevor ich sie heiratete, in einen Saal eintreten ließ, dessen Fußboden mit Spiegeln ausgeschlagen war, weil ich sehen wollte, ob sie keine Eselsfüße hätte.
Roboam, mein Sohn, ist in den besten Jahren des Körpers und der Seele; und ich empfinde für ihn eine Liebe, die für eine Frau zu prostituieren ein Sakrileg wäre, denn in ihm spiegele ich mich in meiner Vergangenheit wider; ich beobachte mit meiner hundertjährigen Weisheit das Wachsen meines Körpers und meines Geistes als Zwanzigjähriger; und vielleicht ist er genügend durchdrungen vom Liebesabglanz meiner Weisheit, um – nachdem er sich als Unterpfand für das irdische Leben meiner Seele angeboten hat – es zu wagen, mit dem Eisen gegen den Abgesandten des Todesengels zu kämpfen und, unter dem meinen, sein Lebensblatt am Aste von Sidrat-Almuntaha zurückzunehmen.

V *Erzählung Roboams*

Doppelhand wird mit einer Barbierschere kommen oder mit der scharfen Schneide seiner Vorderarme und wird eine Lokke meines Haares abtrennen, um sie dem Todesengel zu weihen, und so wird er kein Haar aus dem Barte Salomons, meines Vaters, berühren, und der Engel, der mit starren Blicken über den Baum Sidrat-Almuntaha wacht, wird nicht sehen, wie sich das Blatt, das zu sprießen begann, als der Same Davids zum Leben erwachte, zusammenrollt und gelb wird.
Voll von diesen Gedanken bin ich zum Moor gekommen und wie in den Sommerträumen läuft man, in einer schmerzhaften oder verliebten Verkrampfung, über den trockenen Sand

zur Ebbe hin, der die Flut nicht mehr das Gleichgewicht des Meeres bietet, und man jagt die wilde Flucht der kleinen weißen Wellen vor sich her und murmelt dazu rette sich wer kann, ich habe das Moor nicht gesehen, aber ein wenig Wasser in einer Wiese an einem kleinen Felsen zwischen den vertrockneten Gräsern und der Schlüpfrigkeit auf dem Grunde dieses Wassers vom zylindrischen Volumen der Bücher meines Vaters und meines Großvaters, aufgerührt am Orte selbst von den Leuchttieren der Wasserlache, die ihn von Zeit zu Zeit hochhoben, wenn sie von der Luftblase, die sie atmen, an die Oberfläche getragen wurden und sie für ein wenig Lebensluft aufgaben. Ich habe das voluminöse Buch nehmen wollen, da ist die Wasserlache ausgetrocknet, das Eis hat die gegabelten Abstände der Gladiolen mit Schwimmhäuten versehen, die Wassertiere haben die Erde geflohen. Und Doppelhand ist gekommen ohne zu gehen, die geschlossenen Füße bildeten die Figur der beiden Schwanzflossen eines aufgerichteten Fisches, der mit dem Knirschgeräusch kleiner Kristalle zertretenen Reifs geradeaus dahingleitet. Und so wenig wie die Frau meines Vaters, Balkis, habe ich sein Gesicht gesehen. Man sagt, daß man sein Gesicht nicht mit den Augen des Körpers sieht. Sein Gesicht war aus grünem Samt erdichtet, und ich habe wie ein Spinnengeweb eine Maske aus weißem Samt gespürt, die sich bis zu meinen Schläfen spann, mit einem angenehmen Jucken, entsprechend der Linie, die von oben und der Mitte der Stirn ausging und über die rechte Schläfe den Flügel des rechten Nasenlochs kitzelte. Das war so wollüstig, als es weiter herunterlief bis zur waagrechten Linie meiner Lippen, wo die rote Haut dünner ist, daß ich mit den Zähnen knirschte und sah, daß unsere beiden Masken zwei Fechtmasken waren, die meine ein Gewebe aus den Schnurrbarthaaren der Katzen oder aus den rundaugengeschmückten Federn der Nachtvögel oder genauer aus den federähnlichen Haaren auf der Brust der eßbaren Hunde des Landes Sin. Doppelhand hatte ein Dach auf dem Gesicht und, woran ich ihn voll und ganz erkannte, Myrthenblättern ähnliche Bronzeschuppen. Und wir kreuzten unsere Schwerter so nahe, daß wir nicht mit den Klingen abfangen konnten, sondern mit den Unterarmen. Ich sah auch, daß Doppelhands Arme doppelte Ellbogen hatten, ein zweiter Arm trat aus den Knochen seines Handgelenks hervor; und je nachdem, wie er die Ellbogen hob oder senkte, entstand aus jeder seiner Schultern ein M oder ein W. Er schlug zurück, indem er das äußere Ende seines Armes ausstreckte, das schon ein ganzer Arm war; und als er mich zurückweichen spürte, entwickelte er, ohne die zusammengeschweißten Beine zu grätschen, die vier Knochen seines doppelten Arms in der schlängelnden Horizontalität eines dreifach zerbrochenen grünen Blitzes.

Und ich parierte den ersten Stoß, indem ich mit einem Schlag aus der Taille die Hand, die das Schwert hielt, am Ellbogen abmähte; und es schien mir, als sähe ich trüb, so als spanne sich ein zweites Spinnennetz über die Scheuklappen meiner Maske, ein nicht schützendes Gitterwerk; und Doppelhand versuchte mit den drei Knochen seines Stummels zu parieren; und mit einem zweiten Schlag mit der Schneide meiner Klinge traf ich seinen Arm an seinem zweiten Oberarmknochen und glaubte die Genugtuung zu haben, seine außergewöhnlichen Glieder auf ein Normalmaß reduziert zu sehen.

Doch meine Maske wurde dunkler, und ich sah die Nacht von roten Männern bevölkert, und mit der rechten Hand meinen Stoßdegen gegen den Gegner haltend, nahm ich mit der linken mein falsches Gesicht ab, dabei die Scheuklappen anschauend, die sich wie die Augen meines Gesichtes schlossen und ihre Wimpern verklebten und verschweißten; und ich schlug ein drittes Mal zu, wobei ich mit dem ganzen Körper seufzte und zitterte. Und auf der grünlichen Silhouette der Erinnerung des Stummels eines einzigen roten Knochens, schloß sich der kreisförmige weiße Fleck auf der Hornhaut ganz langsam, in einer dicken Membrane die beiden Bärte aus weißen Wimpern vereinigend. Und ich irre blind im Boot des einarmigen Ruderers umher, dessen rechter Arm zu meiner Linken blutet, um die metallischen Tiere des toten Moores zu nähren, und Doppelhand rudert mächtig mit seiner linken Hand, und während Salomon, mein Vater, die Dschinns überwacht, die den Tempel *vollenden werden*, dreht sich das Boot von links nach rechts im Kreis, wie ein riesiger Gyrus, dem man die linke Hälfte des Gehirns entfernt hat.

Spekulationen

Die Pataphysik ist die Wissenschaft ...
Heldentaten und Ansichten des Doktor Faustroll, Kap. 41

Antwort auf die Umfrage: Elsaß-Lothringen und die augenblickliche Stimmung

1. Haben wir uns inzwischen über den Frankfurter Friedensvertrag einigermaßen beruhigt?
2. Denkt man jetzt weniger an Elsaß-Lothringen, obgleich man gegen den Rat Gambettas immer noch so oft darüber spricht?
3. Ist ein Zeitpunkt denkbar, wo man den Krieg von 1870/71 nur noch als ein rein historisches Ereignis ansehen wird?
4. Fände ein Krieg, der zwischen den beiden Nationen ausbrechen würde, heute in Frankreich eine günstige Aufnahme?

Wir wären Ihnen dankbar, wenn Sie uns in wenigen Zeilen zu diesen Fragen a) Ihre persönliche Meinung angeben würden; und uns mitteilen, b) welche Meinung dazu nach Ihrer Auffassung die Jugend hat; c) welche Durchschnittsmeinung nach Ihrer Auffassung im Lande herrscht.

1. Ich lese zum ersten Mal das Wort »Frankfurter Friedensvertrag«.
2. Das Volk spricht immer noch so oft von Elsaß-Lothringen, aber es denkt sich wahrscheinlich nichts dabei.
3. Da ich 1873 geboren bin, liegt der Krieg von 1870 in meiner Erinnerung drei Jahre unter dem absoluten Vergessen. Es scheint mir wahrscheinlich, daß dieses Ereignis niemals stattgefunden hat und eine rein pädagogische Erfindung ist, um die Bildung von Schülerbataillonen zu begünstigen.
4. Ich verlange den Krieg, den sofortigen Krieg (ich bin nicht Soldat). Aber 1) wird er aus zahlreichen Gründen nicht stattfinden; 2) wenn er auszubrechen drohte, würden nur diejenigen die Wiedereingliederung des Elsaß und von Lothringen wünschen, die, weil sie dort Besitz haben, erst nach einem (wie sie befürchten, verlustreichen) Verkauf ihrer Ländereien nach Frankreich zurückkehren könnten. Um ihren Forderungen ein einfaches Ende zu setzen, sollte man sie zwar nicht allgemein umbringen, aber doch zumindest ihre Güter beschlagnahmen.

   Was die Meinung der Jugend und des Landes angeht, so glaube ich nicht, daß diese Frage sie interessiert, mich übrigens auch nicht, weder die Frage an sich, noch die Frage in Erfahrung zu bringen, was sie davon halten.

1897

Nützliche Kenntnisse

gesammelt von Vater Ubu, speziell für das Jahr 1899, nach den Geheimnissen seines gelehrten Freundes, des ehrwürdigen Herrn ALEXIS aus Piemont.

Wie man Haare grün färbt
Man nehme grüne Kapern und destilliere sie, dann wäscht man sich mit dieser Flüssigkeit die Haare und läßt sie in der Sonne trocknen.

Wie man Zähne zum Ausfallen bringt
Auf einem gut erhitzten und roten Ziegelstein verbrenne man Regenwürmer, nehme dann die Asche besagter, auf diese Weise verbrannter Würmer und fülle sie in die hohlen und schmerzenden Zähne, bedecke sie dann mit Wachs, und die Zähne werden leicht und völlig schmerzlos ausfallen.

Wie man einem Säufer den Wein verleiden kann
Man nehme die Eier einer Schleiereule (wohlgemerkt: je mehr davon im Nest liegen, desto besser gelingt es). Man koche sie sehr gut und gebe sie dem Säufer zu essen: Der Wein wird ihm verleidet werden, vor allem, wenn er jung ist, denn er wird nie wieder Wein trinken.

Wie man mit Salamandern Gold gewinnen kann
Man nehme zwei Pfund Kupferlegierung, einen Becher Ziegenmilch, neun Salamander, tue alles in ein Gefäß, das unten breit und oben eng sein muß, decke es mit einem gut schließenden Deckel zu, in dem aber ein Loch ist, grabe das Gefäß tief in feuchte Erde ein, bis zur Oberseite des durchlöcherten Deckels, der noch zu sehen sein muß, damit die Salamander Luft bekommen und nicht sterben. Man lasse es eingegraben bis zum Nachmittag des siebten Tages. Man hole nun das Gefäß heraus, und man wird sehen, daß die Salamander vor Hunger die Kupferlegierung gefressen haben und das Kupfer sich durch die Kraft des tierischen Gifts in Gold verwandelt hat. Danach bilde man einen zwei Finger dicken Graben und stelle das Gefäß mit den Salamandern hinein, zünde dann drumherum ein Kohlenfeuer an, das große und kleine Flam-

men schlägt, weniger jedoch kleine als große, doch man lasse das Gefäß in Erde, damit das Kupfer nicht schmilzt. Und wenn man das Gefühl hat, daß die Salamander zu Asche geworden sind, nimmt man das Gefäß vom Feuer und läßt es gut abkühlen. Ist dies geschehen, schütte man das Kupfer und die Asche in eine Waschschüssel und gieße Wasser darüber, das das Kupfer von der erwähnten Asche reinigt, dann hänge man es zum Trocknen in einen Rauchfang und wird so gutes Gold bekommen. Man lasse es von einem Goldschmied reinigen.

1899

Gerhart Hauptmann

Das Gesicht zum Horizont erhoben, hellseherischer Hirte mit Adlerbrauen oder Bogen über der Schwingung der sinnlichen Lippen und dem fünfeckigen Schild des eigenwilligen Kinns, hackt und gräbt er das Wahre unter der eisernen Rinde der Gegensätze heraus, im Zentrum von Zola und Ibsen – aber warum sollte man auf sie, die weniger Vorbild als Gleichgesinnte in der angeborenen Sehweise sind, seine Vielfalt beschränken? – den Mandelkern, das bittersüße Kleinod des Idealismus und der Anarchie. Wie in VOR SONNENAUFGANG, einem »sozialen Drama«. Und der so bekannte Schlaf und Tod der Greisenspinnen mit webeeifrigen Fingern an der Klothoorgel. Seine EINSAMEN MENSCHEN, alleinstehend, weil sie Einzelgänger sind, die unsicher herumtappen und sich in der Nacht an hartem und grauen Glas stoßen. Nach den fast kasperlehaften Spöttereien des BIBERPELZ, den Himmelsfahrten der toten Mädchen an den kristallinen Schröpfgläsern der Glocken ... – Darunter, das Skelett der Thesen, das Stirn an Stirn den Elfenbeinfiguren ihres Schachspiels gegenübersteht; das Fechten, entweder zwei gegen zwei oder durcheinander, der noch neuen und jungen Ideen, aus denen grüne Lanzenspitzen hervorsprießen. Traum genug, um unsere Ästhetenaugen daran zu gewöhnen. Wirkliches genug (im gewöhnlichen Sinn), um den Holzpuppen Menschlichkeit einzuflößen, damit das lippenfarbene Blut aus unseren Kratzwunden in den lehmigen

Foetus fließt, den das Genie der Handflächen des beschwörenden Dramatikers knetet.

1901

Das Gehirn des Schutzmanns

Wir haben diese noch nicht lange zurückliegende und bedauerliche Affäre keineswegs vergessen: bei der Obduktion stellte sich heraus, daß der Schädel eines Schutzmanns völlig ohne Gehirn, dafür aber mit alten Zeitungen gefüllt war. Die öffentliche Meinung war bewegt und wunderte sich über das, was sie eine makabre Mystifikation nannte. Auch wir sind schmerzlich bewegt, jedoch in keiner Weise verwundert.
Wir sehen keinen Grund, weshalb man hätte erwarten sollen, im Schädel eines Schutzmannes etwas anderes zu finden als das, was man tatsächlich gefunden hat. Gerade die große Verbreitung des bedruckten Blattes gehört zu den Ruhmestaten dieses fortschrittlichen Jahrhunderts; und auf jeden Fall besteht kein Zweifel daran, daß diese Ware sich weitaus häufiger nachweisen läßt als die Gehirnsubstanz. Wer von uns hat nicht schon unendlich öfters eine Zeitung, ob alt oder vom Tage, in den Händen gehalten als auch nur eine winzige Parzelle vom Gehirn eines Schutzmannes. Um so müßiger sollte es also sein, an diese obskuren und schlecht bezahlten Opfer der Pflicht das Ansinnen zu stellen, auf Verlangen ein ganzes Gehirn vorzuweisen. Außerdem ist die Tatsache nicht aus der Welt zu schaffen: es waren wirkliche Zeitungen.
Das veröffentlichte Ergebnis dieser Obduktion ist geeignet, allen Verbrechern einen heilsamen Schreck einzuflößen. Welcher Einbrecher oder Raubmörder wird sich in Zukunft noch der Gefahr aussetzen wollen, von einem Gegner eine Kugel ins Gehirn zu bekommen, der sich selber nur einer Schädigung aussetzt, die so geringfügig ist wie der Kratzer eines Lumpensammlerhakens in einem Aschenkübel? Es mag gewissenhaften Steuerzahlern vielleicht irgendwie unredlich erscheinen, zu solchen Ausflüchten zu greifen, wo es um die Verteidigung der Gesellschaft geht. Mögen sie bedenken, daß eine so edle Funktion keine Ausflüchte kennt.
Wir müssen die Polizeipräfektur eines viel beklagenswerteren

Mißbrauchs anklagen. Wir streiten dieser Behörde keineswegs das Recht ab, ihre Beamten mit Papiergehirnen auszustatten. Wir wissen, daß unsere Väter in Knobelbechern aus Papier zum Feind marschierten, was uns jedoch keineswegs daran hindern soll, unermüdlich und ewig, wenn es sein muß, Rache zu fordern. Wir wollen lediglich einmal ins Auge fassen, welche Zeitungen es waren, aus denen das Gehirn des Schutzmannes bestanden hat.
Hier überkommt den Moralisten und ehrlichen Mann ein Gefühl der Trauer. Es waren, leider, LA GAUDRIOLE, die letzte Nummer des FIN-DE-SIECLE und eine ganze Menge mehr als frivoler Publikationen, von denen einige aus Belgien eingeschmuggelt waren.
Das erhellt auch gewisse Handlungen der Polizei, die bis zum heutigen Tage unerklärlich geblieben sind, vor allem aber jene, die den Tod des Helden dieser Kurznachricht hervorgerufen haben. Er wollte, wenn wir uns recht erinnern, einen *stehenden* Fiaker wegen Geschwindigkeitsüberschreitung anhalten, und der Kutscher konnte logischerweise nur dadurch gehorchen, daß er mit seinem Gefährt rückwärts fuhr. Die Folge war ein gefährlicher Sturz des Polizisten, der dahinter stand. Trotzdem kam er nach einigen Ruhetagen wieder zu Kräften, doch aufgefordert, sogleich wieder seinen Dienst aufzunehmen, starb er kurz darauf.
Die Verantwortung für diese Ereignisse fällt unbestreitbar auf die Fahrlässigkeit der Polizeiverwaltung zurück. Möge sie sich in Zukunft besser um die Zusammensetzung der Gehirnlappen ihrer Beamten kümmern; möge sie sie notfalls vor jeder endgültigen Bestallung durch Trepanation überprüfen; möge das gerichtsmedizinische Gutachten von nun an in ihren Schädeln nur noch ... wir sagen nicht eine Sammlung der REVUE BLANCHE und des CRI DE PARIS finden, das wäre nach dieser ersten Reform etwas verfrüht; wir sagen auch nicht unsere gesammelten Werke, da sich unsere natürliche Bescheidenheit dagegen auflehnt, zum einen, vor allem aber auch deshalb nicht, weil Polizeibeamte, die den Auftrag haben, über die Ruhe der Bürger zu wachen, mit einem so gefüllten Kopf eine öffentliche Gefahr darstellen würden. Hier einige der Werke, die unserer Meinung nach für einen solchen Gebrauch am empfehlenswertesten sind:
1. Das Bürgerliche Gesetzbuch; – 2. Ein Plan aller Straßen

von Paris mit dem Verzeichnis der Arrondissements, der das ganze zusammenhalten und durch seine geographische Einteilung eine angenehme Nachbildung der Gehirnwindungen darstellen würde; man könnte ihn ohne Schaden für den Träger mit Hilfe einer nach der Operation des Trepans befestigten Vergrößerungslupe lesen; – 3. Eine beschränkte Anzahl von Bänden des großen Wörterbuchs, das, wie sein Name LA ROUSSE vermuten läßt, ein Polizeiwörterbuch sein muß; – 4. Vor allem aber eine aufgeklärte Auswahl der Werke der bekanntesten Mitglieder der Liga gegen den Tabakmißbrauch.

1901

Wie wir Bekanntschaft mit der Königin Wilhelmine machten

Es war in Sluys, in Holland, auf einem Postamt, wo uns die junge Herrscherin mehrere ihrer bezaubernden Porträts aufzwang und uns die Gnade zuteil werden ließ, sie uns in einem bequemen und auf Reisen leicht unterzubringenden Format auszusuchen. Durch die diskrete Vermittlung eines Beamten des besagten Postamtes kann sich jeder nach unserem Beispiel und sogar ohne daß es unserer Empfehlung bedarf, die königlichen Bildnisse durch folgende Methode beschaffen:

Kaufen Sie sich eine Postkarte, für die Sie keine höflichere Verwendung finden können als die, Ihre Dankbarkeit gegenüber der Königin darauf zu bezeugen. Noch bevor Sie Ihre Postkarte in den *Briefenbus* geworfen haben, ein zweifellos einfallsreicher Apparat, der jedoch kein spürbarer Fortschritt gegenüber unseren Briefkästen darstellt, schenkt Ihnen der gefällige Beamte, wenn Sie ihm zuvor ein kleines französisches Geldstück anvertraut haben, fünfzig Centimes zum Beispiel, eine Menge anderer Geldstücke jeglichen Durchmessers und aller Metallarten, die alle das feinziselierte Gesicht Wilhelmines tragen. Dies geschieht in Sluys – oder auf jedem anderen Postamt.

1901

Eisenbahnunfälle

Auf Grund eines merkwürdigen atavistischen Instinktes empfinden die Massen auch heute noch ein unerklärliches Bedürfnis, sich in geschlossenen und unfreundlich aussehenden Dingen zu vergraben, etwa so, wie der prähistorische Mensch in Höhlen Unterschlupf suchte. Das Zusammenströmen von Reisenden in Eisenbahnwaggons ist die am einfachsten zu untersuchende Spur dieser Neigung. Leider werden diese wunderlichen Irren häufig Opfer ihrer Rückkehr zur Barbarei – das Eisenzeitalter ist kein so großer Fortschritt gegenüber der Steinzeit – und bei den Zusammenstößen der letzten vierzehn Tage ist wiederum eine ziemlich große Anzahl von Musterexemplaren dieser Gattung von Höhlenbewohnern umgekommen. Die Zivilisation ist eben schon zu weit fortgeschritten, als daß sie zulassen kann, daß sich in Zukunft noch viele dieser Irren oder dieser Selbstmordkandidaten weiterentwickeln. Denn muß man nicht ein Irrer oder ein Selbstmordkandidat sein, wenn man sich freiwillig in diese rollenden Käfige einsperren läßt und sich auf Gnade und Barmherzigkeit jemandem ausliefert, der keinen anderen Gedanken kennt, als einen mit höchster Geschwindigkeit auf Schienen, die absichtlich so kompliziert sind, daß sie sich an den unmöglichsten Punkten kreuzen, wer weiß wohin zu bringen?

1901

Experimentelle Psychologie des Gendarmen

Kürzlich stattgefundene private Ereignisse haben uns erlaubt, einige schöne Musterexemplare dieses Greiforgans der Gesellschaft, den Gendarmen, aus nächster Nähe zu betrachten. Die Umstände unserer Beziehungen zu ihnen waren ausgezeichnet, obgleich geeignet, sie in einem allzu günstigen Lichte zu betrachten: denn wir waren keineswegs in ihren Händen, sondern die oberste Behörde hatte sie unter irgendeinem Vorwand zum Zwecke des Experiments den unseren anvertraut.

Übergehen wir schnell die äußere Morphologie dieser Militärpersonen, die in allen Punkten den im Kasperletheater zur

geistigen Erbauung der Kinder dargestellten Bildnissen entsprechen, nur daß sie größer sind. Stellen wir noch fest, daß eine geizige Verwaltung ihnen zum Nachteil ihres traditionellen Prestiges im Dienst das so majestätische und klassische Tragen des Dreispitzes verweigert. Jenes Sprichwort von zweifelhaftem Geschmack: »Zuerst riecht man sie, dann sieht man sie«, wollen wir nur zitieren, um daraus die philosophische Lehre zu ziehen: in Wirklichkeit sieht man sie nie, wegen der geringen Anzahl verfügbarer Musterexemplare – es kommt vor, daß es für acht Gemeinden nur fünf Stück gibt – und mit *man* verstehen wir die Verbrecher, die doch immerhin ihre natürlichen Partner sind.
Was ihre Sprache angeht, so haben wir darin keine außergewöhnliche adverbiale Weitschweifigkeit gefunden.
Wir wollen hier nur einen kurzen Abriß der Psychologie des Gendarmen geben, so wie wir uns bereits mit der Psychologie des Soldaten und des Verwaltungsbeamten befaßt haben. Es war vorauszusehen, daß die im Verlaufe langer Generationen erworbene Gewohnheit, allen Verbrechen und Delikten oder besser, einer beschränkten und katalogisierten Anzahl von Verbrechen und Delikten aufzulauern, ihnen eine besondere, zur Stunde klar definierte und ihrer Gattung eigen gewordene Mentalität beschert hat. Der Augenblick ist also gut gewählt, diese obskuren Gehirne zu sondieren. Nach unserer Erfahrung geht darin folgendes vor sich, was den ehrlichen Mann vielleicht erstaunen mag, nämlich, daß der Gendarm eine vom Gesetz her *böse* Tat anders interpretiert als eben dieser ehrliche Mann. »Böse« zeigt ihm lediglich an, daß er, gegen Bezahlung, hier seinen Beruf auszuüben hat; in deutlicheren Worten ausgedrückt, jede böse Tat ist für ihn eine *gute,* weil sie seinen Lebensunterhalt garantiert.
Dies führt uns natürlich dazu, die infamen *Desiderata* des Gendarmen zu brandmarken: sein Schlaraffenland wäre etwa das Land, wo jeder Bürger nur während der Schonzeit jagt und selbstverständlich ohne Jagdschein; nur mit verbotenen Mitteln fischt; wo Vergewaltigungen in sehr großer Anzahl etwas Alltägliches sind und der Mord die geläufigste Form der gesellschaftlichen Beziehungen ist. Dennoch will uns scheinen, trotz aller Ermahnungen, die darauf abzielen, genauere vertrauliche Einzelheiten zu erfahren, daß der Gendarm diese gesegnete Zukunft nur dunkel und verschwom-

men anstrebt; und die einzige Erklärung die wir hierfür haben, ist seine seltene Uneigennützigkeit. So wagt er den Mord nur dann zu bejahen, wenn er ihm nichts einbringt, das heißt, wenn er durch das Gesetz erlaubt ist. Beispiel: der Fall der Notwehr; der Gendarm freut sich, wenn der in seinem Park eingeschlossene Bürger den Banditen, der über seine Mauer gestiegen ist, massakriert; aber auf Grund absonderlicher Skrupel verabscheut es derselbe Gendarm, daß man Personen zu Tode bringt, die an der Außenmauer dieses Parks vorbeigehen. Wir schlagen eine neue, vermittelnde Methode vor, die ganz einfach darin besteht, die Opfer, die man sich draußen zu besorgen die Mühe gemacht hat, in seinen Garten zu schaffen.

Die berittenen Gendarmen gehen in der Regel aus zwei Gründen zu Fuß: der erste, den sie uns dargelegt haben und der uns frivol erscheint, ist der, daß sie sonst gezwungen seien, jemanden ihre Reittiere zu halten zu geben, wenn man ihnen was zu trinken anbietet; der zweite, daß sie meistens, wenn sie zu zweit gehen, den *Onkel* des einen oder andern mit sich führen, selbst wenn es gar keinen gibt. So nennen sie nämlich einen Freund, der ihnen folgt, um an den Durst-Still-Gelegenheiten teilzuhaben. Sorgfältig suchen sie sich einen zerlumpt aussehenden aus, den sie leicht als Galgenstrick ausgeben können und der die Manie hat, mit hinter dem Rücken verschränkten Händen herumzulaufen. Wie unabsichtlich nehmen sie ihn zwischen sich und verdienen sich dank dieser unschuldigen List beim Gang durch die Dörfer den Volksbeifall, ohne jemanden unzufrieden zu machen.

Wir haben weiter oben dargelegt, warum die Gefangennahme eines echten Verbrechers nicht in Frage kommt: die Uniform sieht man schon von weitem und der Gendarm müßte in Zivil sein: aber dann würde er aufhören, ein Gendarm zu sein und hätte keine Psychologie mehr.

1901

Anthropophagie

Die Anthropophagie, dieser allzu vernachlässigte Zweig der Anthropologie, stirbt nicht aus, die Anthropophagie ist nicht tot.

Es gibt, wie man weiß, zwei Arten, sich der Anthropophagie hinzugeben: Menschen fressen oder von ihnen gefressen zu werden. Es gibt auch zwei Arten zu beweisen, daß man gefressen worden ist; im Augenblick wollen wir uns nur mit einer befassen: wenn die Zeitung LA PATRIE vom 17. Februar die Wahrheit nicht frisiert hat, so ist die anthropophagische Mission, die sie nach Neu-Guinea geschickt hat, ein voller Erfolg gewesen, ein so voller, daß keines ihrer Mitglieder zurückgekommen ist, mit Ausnahme, wie es heißt, von zwei oder drei Musterexemplaren, die die Kannibalen gewöhnlich verschonen, damit sie der Geographischen Gesellschaft ihre Komplimente übermitteln können.
Es ist wahrscheinlich, daß vor der Ankunft der anthropophagischen Mission die Wissenschaft von der Menschenfresserei bei den Papuas noch in den Kinderschuhen gesteckt hat: es fehlten ihnen die Anfangsgründe, wir wagen zu sagen die Rohprodukte. Die Wilden fressen sich nämlich nicht gegenseitig auf. Ja, aus mehreren Versuchen unserer tapferen Forscher von der Armee in Afrika geht sogar hervor, daß die farbigen Rassen nicht eßbar sind. Man wundere sich deshalb nicht über den herzlichen Empfang, den die Kannibalen den Weißen bereiteten.
Es wäre jedoch ein großer Irrtum, wollte man in dem Abschlachten der europäischen Mission nur niedrige Verfressenheit und ein rein kulinarisches Anliegen sehen. Dieses Ereignis manifestiert nach unserer Meinung eine der nobelsten Neigungen des menschlichen Geistes, seinen Hang, sich das anzueignen, was er gut findet. Es ist bei den meisten kriegerischen Völkern eine sehr alte Tradition, diesen oder jenen Körperteil der Gefangenen in der Annahme zu verzehren, daß er eine bestimmte Eigenschaft birgt: das Herz den Mut, das Auge die Scharfsichtigkeit usw. Der Name der Königin Pomaré bedeutet »iß das Auge«. Seit man an kompliziertere Lokalisierungen glaubt, wird dieser Brauch seltener befolgt. Man findet ihn aber noch vollständig erhalten in den Sakramenten mehrerer Religionen, die auf der Theophagie begründet sind. Die Papuas haben also, wenn sie die weißrassigen Forscher fressen, nichts weiter als eine Art Kommunion mit ihrer Zivilisation im Auge.
Wenn zur Vollziehung des Ritus noch so etwas wie Lüsternheit hinzugekommen ist, so ist sie ihnen vom Leiter der an-

thropophagischen Mission, Monsieur Henri Rouyer, persönlich einsuggeriert worden. Es wurde nämlich immer wieder festgestellt, daß er in seinem Bericht mit Nachdruck von seinem Freund, »dem guten, dicken Monsieur de Vriès« spricht. Die Papuas, falls man sie nicht für übertrieben unintelligent hält, haben das nur so verstehen können: *gut,* das heißt gut schmeckend; *dick,* das heißt, daß es für alle reicht. Es konnte daher nicht ausbleiben, daß sie sich Monsieur de Vriès als eine lebende Nahrungsreserve für die Forscher vorstellten. Diese hätten wohl kaum gesagt, er sei gut, wenn sie sich nicht vorher von seiner Qualität und von der Quantität seiner Korpulenz hätten überzeugen können. Es steht übrigens für jeden, der Reiseberichte gelesen hat, fest, daß die Forscher nur von Freßwaren träumen. Monsieur Rouyer gesteht, daß sie sich an manchen Tagen, an denen Schmalhans Küchenmeister war, »den Magen mit Schnecken, Würmern, Heuschrecken, Termitenweibchen, ... und Insekten einer seltenen und für die Wissenschaft neuen Gattung vollschlugen«. Dieses Suchen nach seltenen Insekten mußte den Eingeborenen als kulinarisches Raffinement erscheinen; was die Kollektenbüchsen betrifft, so mußten sie sie einfach für außergewöhnliche Konserven halten, die von Mägen begehrt wurden, die so pervertiert waren, wie wir Zivilisierten uns die der Menschenfresser vorstellen ...

Foitar, der Häuptling der Papuas, hat Monsieur Rouyer vorgeschlagen, ihm im Austausch gegen Monsieur de Vriès und den Boy Aripan zwei Kriegsgefangene abzutreten. Monsieur Rouyer hat dieses Angebot entsetzt zurückgewiesen ... Aber er hat sich heimlich der beiden Kriegsgefangenen bemächtigt. Wir sehen keinen Unterschied zwischen dieser Handlung und der des Spitzbuben, der genauso entsetzt die Aufforderung zurückwiese, für den Erwerb einer oder mehrerer Hammelkeulen eine bestimmte Summe zu bezahlen, diese eßbaren Glieder jedoch, kaum daß der Metzger abwesend, rauben würde. Monsieur Rouyer hat die zwei Gefangenen entführt. Hat Monsieur Foitar, der Häuptling der Papuas, als er den Boy und Monsieur de Vriès in Empfang nahm, etwas anderes getan, als den rechtmäßigen Betrag seiner Rechnung einzutreiben?

Es gibt, haben wir zu Anfang verkündet, für eine anthropophagische Mission eine zweite Art, nicht zurückzukommen, und diese Methode ist die schnellste und sicherste: sie besteht darin, daß die Mission erst gar nicht abreist.

1902

Die Passion als Bergrennen

Barabbas, bereits verpflichtet, trat vom Rennen zurück.

Der Starter Pontius Pilatus zog an seinem Wasserchronometer oder Klepsydra, wovon er nasse Hände bekam, falls er nicht einfach hineingespuckt hatte – und gab das Startzeichen.

Jesus fuhr mit vollem Tempo los.

Zu jener Zeit war es Brauch, dem ausgezeichneten Sportreporter Matthäus zufolge, Radsprinter bei der Abfahrt zu geißeln, wie es die Kutscher mit ihren Hippomotoren tun. Die Peitsche ist Stimulanz und hygienische Massage zugleich. Jesus, groß in Form, fuhr also los, aber er hatte sofort Reifenschaden. Eine Dornenpflanze durchlöcherte rundum seinen ganzen Vorderreifen.

Das exakte Ebenbild dieser echten Dornenkrone sieht man heutzutage in den Schaufenstern der Fahrradfabrikanten als Reklame an unverwüstlichen Reifen. Der Reifen Jesu, ein Schlauchreifen für gewöhnliche Rennbahnen, war nicht unverwüstlich.

Die beiden Schächer, die ein Herz und eine Seele waren, gewannen Vorsprung.

Es ist falsch, daß Nägel da waren. Die drei auf Bildern dargestellten sind nur der Reifenwechsler »eine Minute«.

Doch ist es angebracht, daß wir zuvor von den Stürzen berichten. Und zuerst wollen wir einmal das Fahrrad beschreiben.

Der Rahmen ist eine relativ neue Erfindung. 1890 sah man die ersten Rahmenfahrräder. Vor dieser Zeit bestand das Kernstück des Fahrrads aus zwei perpendikular aufeinander gelöteten Röhren. Diese Maschinen nannte man Fahrrad mit starrem Gestell oder Kreuzrahmen. Jesus erklomm also nach der Reifenpanne die Anhöhe zu Fuß, wobei er seinen Rahmen oder wenn man so will sein Kreuz auf der Schulter trug.

Zeitgenössische Kupferstiche, nach Photographien angefertigt, zeigen uns diese Szene. Allerdings scheint es, daß der Radsport nach diesem allgemein bekannten Unfall, der das Passionsrennen auf so unangenehme Weise beendete und, fast an seinem Jahrestag, durch den ähnlichen Unfall des Grafen Zborowski an der Steigung von La Turbie wieder an Aktualität gewinnt, daß dieser Sport also durch Präfekturverordnung eine Zeitlang verboten gewesen ist. Das erklärt auch, warum die Illustrierten, wenn sie die berühmte Szene zeigten, Fahrräder abbildeten, die man wohl als Phantasieräder bezeichnen darf. Sie verwechselten das Kreuz des Fahrradgestells mit jenem anderen Kreuz, der geraden Lenkstange. Sie stellten Jesus dar, beide Hände auf seiner Lenkstange ausgestreckt, und merken wir bei dieser Gelegenheit gleich noch an, daß Jesus auf dem Rücken liegend radelte, was er in der Absicht tat, den Luftwiderstand zu verringern.

Merken wir außerdem an, daß der Rahmen oder das Kreuz des Fahrrads, wie heute noch manche Felgen, aus Holz war.

Einige haben, zu unrecht, zu verstehen gegeben, das Fahrrad Jesu sei eine Draisine gewesen, was jedoch wegen der Steigung bei Bergrennen höchst unwahrscheinlich ist. Den alten zyklophilen Hagiographen, der Heiligen Brigitte, Gregor von Tours und Irenäus zufolge war das Kreuz mit einer Vorrichtung versehen, die sie »Suppedaneum« nennen. Man braucht kein großer Schriftgelehrter zu sein, um es mit »Pedale« zu übersetzen.

Justus Lipsius, Justinus, Bosius und Erycius Puteanus beschreiben ein anderes Zubehör, das man noch, wie Cornelius Curtius 1634 berichtet, in Kreuzen aus Japan findet: ein Höcker am Kreuz oder Rahmen, aus Holz oder Leder, auf den sich der Radfahrer rittlings setzt: offensichtlich der Sattel.

Diese Beschreibungen sind übrigens nicht ungenauer als die Definition, welche die Chinesen heute vom Fahrrad geben: »Kleiner Maulesel, den man an den Ohren führt und mit kräftigen Fußtritten vorwärtstreibt.«

Den Bericht über das Rennen selbst, von dem in Spezialwerken ausführlich erzählt und das in Bildhauerei und Malerei durch eigens hierzu geschaffene Werke dargestellt wird, wollen wir hier abkürzen.

Auf der ziemlich schwierigen Steigung von Golgatha gibt es vierzehn Kurven. Bei der dritten machte Jesus seinen ersten Sturz. Seine Mutter auf der Tribüne erschrak.

Der gute Schrittmacher Simon von Kyrene, dessen Aufgabe es ohne den Dornenunfall gewesen wäre, ihn zu »schleppen« und den Fahrtwind von ihm abzuhalten, trug das Fahrrad.
Jesus, obgleich er nichts trug, schwitzte. Es ist nicht ganz sicher, ob eine Zuschauerin ihm das Gesicht abtrocknete, aber es stimmt, daß die Reporterin Veronika mit ihrer Kodak eine Momentaufnahme von ihm machte.
Zum zweiten Sturz kam es an der siebten Kurve, auf glitschigem Pflaster. Beim dritten Mal rutschte Jesus in der elften Kurve auf einer Schiene aus.
Die Halbweltdamen Israels winkten mit ihren Taschentüchern in der achten.
Der bedauerliche und allgemein bekannte Unfall trug sich in der zwölften Kurve zu. Jesus war gerade dead-heat mit den beiden Schächern. Es ist auch bekannt, daß er das Rennen als Flieger fortsetzte, doch das liegt außerhalb unseres Themas.

1903

Kopulativ gesprochen

Bevölkerung ist gut: Wiederbevölkerung ist besser.
Die Bevölkerung bezeichnet die Menge der Menschen – von denen ein guter Teil aufrührerische Elemente sein könnten – die auf dem Boden unseres herrlichen Vaterlandes herumkrabbeln.
Die Wiederbevölkerung ist ein Eingriff, durch den man deren Zahl verdoppelt.
Der Bürgermeister hat sich mit seiner Trikolorenschärpe geschnürt und in seinem Amtsdeutsch gesagt:
»Dalli, Madame und Monsieur.«
Beachten Sie, daß von den drei Farben der Schärpe das der Jungfrau geweihte Blau eine taktvolle Anspielung auf die Unschuld der Braut ist; das Rot symbolisiert die ungestüme und kriegerische Begierde des Bräutigams. Das Weiß ist dazu da, um gelegentlich daran zu erinnern, daß es gewisse Kohlköpfe, dermaßen angemalt, zu vermeiden gilt.
Unter jenen findet man keine Kinder.
Die Kinder finden sich unter einem Bürgermeister.

*

Auf das Kommando: »Dalli, Madame und Monsieur«, stürzen sich, genauso wie gewisse Duellanten einen Vorwand suchten, um sogleich loszuschlagen, Madame und Monsieur mit Einmütigkeit in einen Eisenbahnwagen und verlassen unser weiter oben erwähntes herrliches Vaterland.
»Das stimulierende Rattern der Züge . . .«
Zweifellos; aber wie machten es wohl Adam und Eva?
Es stimmt, daß sie, nur unzulänglich bekleidet, auf Bäume kletterten.
Das wirft ein schwerwiegendes Rechtsproblem auf.
Der Baum, ein Apfelbaum wahrscheinlich, zu diesem Baum der Freiheit geworden, ist noch Territorium des herrlichen Vaterlandes, denn der Boden gehört dem Eigentümer, gleichsam wie uns Unkenntnis des Gesetzes und wie die Formel in ziemlich bizarren Worten lautet, bis zum Himmel, nicht vor Strafe schützt: *usque ad coelum.*
Folglich hat sich, falls Eva ihr erstes Kind in einer Baumkrone empfing, dadurch das Gerücht verbreitet, daß unsere ersten Eltern Kletterer waren, Affen, – das besagte Kind mußte völlig gesetzmäßig in das Personenstandsregister des irdischen Paradieses eingetragen werden.
Wir wollen, da wir gerade von Äpfeln reden, nicht weiter die Frage wälzen, ob das nach dem Genuß einer Flasche Apfelwein empfangene Kind aus der Normandie war, wo man die Flasche auch hinbringen mag.
Der Apfelbaum des Paradieses war der Weg des Herrn.
Wir haben ja Fahrstühle.
Halten wir fest, daß neunundneunzig Prozent unserer Kinder auf den Schienenwegen gezeugt werden.

*

Schrecken der Schrecken von Hochzeitsreisen! Da haben wir all die kleinen Franzosen, die in Genua, in Florenz, in Berlin, in Yokohama und zwischen zwei dieser Stationen geboren werden.
Denn ist nicht der Augenblick der Empfängnis das wahre Geburtsdatum?
Zur Revanche – und Revanche ist das Wort, das unseren Chauvinismus vervollständigt – sind unsere jenseits der Grenzen, in Elsaß-Lothringen, Yokohama, Florenz, Genua

und anderen Orten gemachten Kinder größtenteils Pariser Erzeugnisse.
Das sind unsere kleinen Kinder, die uns 1870 eine Tracht Prügel verpaßten.
Es gibt Leute, die sich in London ihre Wäsche waschen lassen.
Frankreich wird sich im Ausland wiederbevölkern.
Das ist guter Import-Patriotismus.

*

Wie man Kinder macht, ist genug bekannt.
Erwarte man also von uns über dieses Thema keine einführende technische und allgemeinverständliche Abhandlung.
Gehen wir schnell darüber hinweg.

*

Monsieur Piot hat gesagt:
»Die Wiederbevölkerung wird sich herumsprechen.«
Boileau hat gesagt:
»Zwanzig mal in Arbeit . . .«
Man wird bemerken, daß wir bereits in einer früheren Nummer des »Canard« diesen poetischen Ratschlag zu Gunsten der Polizei interpretiert haben, die »auf Tabak stand«: macht sie zahm . . .
Das beweist, daß die Hochzeit sehr wohl eine polizeiliche und administrative Maßnahme ist.
Wenn zwanzig mal sparsamen Leuten zuviel erscheinen, dann sollen sie sich eben mit einmal begnügen, aber das muß gut gemacht sein. Übrigens war Boileau in dieser Angelegenheit inkompetent: Einerseits war er Temperänzler, wie sein Name schon sagt, und andererseits schrieb er über sich selbst: »sehr wenig wollüstig«.
Die Menschen gebrauchen es als Devise und wiederholen es im entscheidenden Augenblick:
»Es muß furzen oder es muß reißen.«
»Es« und »es«, es geht ohne weiteres, daß sie mit den nämlichen Worten »sie« bezeichnen.

*

Trotzdem müssen wir, unsere Scham möge es erdulden, eine der allerneuesten Methoden, wie man Kinder macht, erwähnen:
Man wird Mitglied einer Wiederbevölkerungsliga – wir sagen Mitglied – und schreit bei jeder Gelegenheit und an jeder Straßenecke: »Wachst und vermehrt euch!«
Was für ein Bild!

*

Da wir gerade bei Bildern sind, warum verbieten dieselben Wiederbevölkerungsmoralisten den Verkauf der kleinen illustrierten Heftchen, die geeignet sind, zur Wiederbevölkerung zu ermuntern?

*

Junggesellen sind, in Anbetracht ihrer Muße, denn sie müssen sich nicht um den Haushalt kümmern, mehr als alle anderen für die Wiederbevölkerungsarbeit ausersehen.
Man kann frei heraus behaupten, daß fast alle – wir sagen: fast, um mit einigen hohen Empfänglichkeiten vorsichtig umzugehen – fast alle auf die Welt gesetzten Kinder Werken der Ehelosigkeit entsprossen sind.

*

Es gibt tugendhafte Junggesellen, die enthaltsam leben und die von diesem »moralischen Verhüter« des Malthus Gebrauch machen, der bei allen guten Gummiwarenfabrikanten erhältlich ist.
Man kennt den Fall jenes Familienvaters, der noch gar nicht Vater war, aber hoffte, es zu werden, der es so einrichtete, daß die Mutter seiner zukünftigen Kinder sich zu Wiederbevölkerungszwecken mit einem unverheirateten Soldaten traf.
Es ist völlig falsch, daß der Soldat fähig ist, wenigstens irgendeinen Knaben zu zeugen. Aber er maßt sich das Prestige der Uniform an.
Dieser da behielt seine Uniform zu sehr an.
Er antwortete »nachher« dem Gatten:

»Sie müssen wissen, daß ich bei einer Frau, die ich nicht kenne, immer meinen moralischen Verhüter anbehalte.«
Er betonte das Wort Waffenrock, weil man Sommerkleidung trug.

1903

Die Existenz des Papstes

Pasquino und Marforio, die beiden berühmten Bildsäulen Roms, unterhalten sich.

MARFORIO: Irgendwelche Neuigkeiten?

PASQUINO: Der Weltuntergang wird nicht auf sich warten lassen; das sehe ich an gewissen Zeichen: die Wege führen nicht mehr nach Rom, sie führen von da weg.

MARFORIO: Du willst sagen, daß Seine Majestät Victor-Emmanuel Rom verläßt und sich nach Paris begibt? Ich frage mich, ob die Pariser Courtoisie dem Original den Empfang bereiten wird, den sie seiner Abbildung nicht zuteil werden läßt, kurz, ob sie aus Anlaß seines Besuches den Geldstücken mit seinem Bildnis einen gültigen Kurs verleihen wird, den sie hartnäckig ablehnt.

PASQUINO: Keineswegs. Was den König anbetrifft, so wird er frei zirkulieren, über Berg und Tal, jenseits der Berge und jenseits der Täler, und auf Schienenwegen und mit Landauern; frei, das heißt, im Zentrum von Bravorufen und dem Gedränge einer johlenden Menge, und er selbst eingesperrt in einen von Polizei umgebenen Wagen. Ein König ist immer ein gutes Stück.

MARFORIO: Nicht in seinem Land. Aber du hast mich nicht verstanden. Pasquino. Ich fragte dich: irgendwelche Neuigkeiten – von Bedeutung?

PASQUINO: Irgendwelche Neuigkeiten .. über meinen Gesundheitszustand?

MARFORIO: Spotte nicht über diese schmerzhaften Umstände, an denen die Christenheit Spaß hat. Dein Gesundheitszustand ist ausgezeichnet, mein lieber Kollege aus Stein. Irgendwelche Neuigkeiten über den Gesundheitszustand seiner Heiligkeit?

PASQUINO: Aber ich habe dir doch geantwortet, Marforio; alle Wege führen von Rom weg, einschließlich dem, der von Rom zum Himmel führt.

MARFORIO: Was willst du damit sagen? Daß der Papst verstorben ist?

PASQUINO: Der Papst ist nicht verstorben. Er hat seine guten Gründe dafür.

MARFORIO: Dem Himmel sei Lob! Nun, geht es Seiner Heiligkeit besser?

PASQUINO: O! Nein. Es geht ihr nicht besser. Auch sie hat dafür gute Gründe.

MARFORIO: Doch das Leiden verschlimmerte sich nicht, und der Zustand des Heiligen Vaters ist stationär. Eine peinliche, aber tröstliche Ungewißheit!

PASQUINO: Das nennt man die päpstliche Unfehlbarkeit. Aber spitze deine Ohren, Marforio, ich will dir ein Geheimnis anvertrauen: der Papst ist weder gestorben, weder gesund, weder krank, noch lebend.

MARFORIO: Wie?

PASQUINO: Der Papst ist nichts von alldem. Es gibt keinen Papst, es hat nie die Spur von einem Papst Leo XIII. gegeben.

MARFORIO: Aber die Zeitungen sind voll von Berichten von Leuten, denen er eine Audienz gewährt hat und voll von Details über seine Krankheit.

PASQUINO: Die menschliche Eitelkeit ist leichtgläubig. Und du, hast du ihn gesehen, Marforio?

MARFORIO: Du weißt doch, daß für dich und mich, die wir aus Stein sind, Ortsveränderungen schwierig sind. Nein, ganz sicher, ich habe den Papst nicht gesehen. Eines Tages werde ich mich als Botschafter zum Vatikan begeben, wenn man mich auf einen Wagen packt oder wenn man an meinem Sockel einen kleinen Motor und Rollen anbringt. Aber daß ich den Papst noch nicht gesehen habe, ist kein Beweis, daß er nicht existiert. Und du, Pasquino, hast du Gott gesehen?

PASQUINO: Wenn ich ihn gesehen hätte, würde ich mir mißtrauen. Man zeigt nicht das vor, was nicht sicher ist, um Vertrauen zu erwecken. Das ist die Wahrheit, Marforio: das Konklave, hinter verschlossenen Türen tagend . . .

MARFORIO: Ja, im Konklave gibt es: Clavus.

PASQUINO: ... wählt heimlich einen Papst ... den ältesten und den moribundesten Kardinal. Und, kurz darauf, beginnt dieser quasi verstorbene Greis sich eines außerordentlich langen Lebens zu erfreuen ...

MARFORIO: Wie er es in seinem ganzen Leben nicht getan hat.

PASQUINO: Ja, ganz richtig, in seinem ganzen Leben hatte er keine Anlage zu diesem Sport, und man hat ihn gewählt, weil er demnächst sterben muß.

Es gibt keinen lebenden Papst, Marforio: er ist ein geschickt mit Stroh ausgestopfter Mensch oder ein perfekter Automat, unverwüstlich und unfehlbar ...

MARFORIO: Das ist schließlich gar nicht so schlecht, wenn die geistliche Macht keinerlei weltliche in Händen hat.

PASQUINO: Es gibt überall – denke darüber nach, Marforio – eine Tiara! Denke an kürzliche Ereignisse. Die Christenheit hat pünktlich bezahlt .. den Sankt-Peters-Pfennig.

MARFORIO: Aber die Punktionen?

PASQUINO: Man macht ihm keine Punktionen: man zieht ihn wieder auf!

MARFORIO: Und die Flaschen, die Doktor Rossini immer mitbringt?

PASQUINO: Einfache Erfrischungssäfte gegen den Durst der Interviewer.

MARFORIO: Seine Heiligkeit ist also nur eine Erfindung, sozusagen eine Ente von Journalisten?

PASQUINO: Füge antiklerikalen hinzu.

1903

Das Volksauto

Madame Menge, die kleine Dame, die so gerne die Großen nachäfft, fängt an, für wenig Geld – für ihre drei Sous – an den Freuden Geschmack zu finden, die der Automobilismus, dieser Sport der Reichen, bereitet. Ganz wie ein Graf Zborowski oder so hat sie sich ihre kleine Quetschung geleistet: das Metrounglück.

Unsere Kinder wissen, daß in Geschäften kleine Eisenbahnen

verkauft werden mit dazugehörigen Bahnhöfen, Tunnels und, gegen minimalen Aufpreis, inclusive »Unglück«.
Das Modell mit Unglück ist ein ergiebiger Artikel und er ist delikat zu handhaben.
Madame Menge, die mit ihren konstitutiven Elementen, den Proletariern, Arbeitern, Kleingewerbetreibenden im Ruhestand, verschiedenen Gewerbesteuerpflichtigen und weiterem Lumpengesindel ganz vollzählig ist, weiß noch nicht so recht, welche Figur sie bei einem Unglück abgeben soll. Sie stirbt nicht an einem einzigen Bissen. Sie ähnelt der Natur der Lernäischen Schlange und den Würmchen, die im Kaninchenmist geboren werden und die man deshalb oder aus einem anderen Grund Humuswürmer nennt. Wenn man auf sie tritt, kringelt sie sich und schneidet sich in Stücke.
Der Bissen, der nicht vollkommen mundgerecht ist: die Menge hat diese wenig zierende, aber so praktische und so französische Geste an den Tag gelegt, sie ist zur Kontrolle gestürzt und hat ihre drei Sous zurückverlangt.
Diese Geldgier der Überlebenden drückt aus: ihre drei Sous brauchen sie, um die Familie zu benachrichtigen.
Kein Brief: eine Ansichtskarte, mit einem Schnappschuß vom Unfall.
»Fast« tot gewesen zu sein und ganz selbstverständlich, ohne es absichtlich getan zu haben, so wie man einen Ersatzkaffee trinkt, das verleiht dir in deinem Viertel und bei deinem Hausmeister Ansehen.
Das setzt dich instand, in den Genuß eines Teils jener immer in solchen Fällen auf dem Zeitungsweg von großzügigen und nicht anonymen Spendern überwiesenen kleinen Summen zu kommen, die »die schwerwiegendsten Unfälle lindern helfen« sollen.
Man kannte sich bisher nicht so schwerwiegend.
Man kann auch die Rettungsmedaille erwerben. Heißt nicht seine eigene Haut retten, das Leben eines französischen Bürgers retten und – wenn dieser Bürger außerdem noch Gallier ist – jemand aus der Menge der zukünftigen Kleinbürger? Warum sollte es keine Selbstrettung geben, wie es den Selbstmord gibt?
Und, gerettet, hat man den ausgezeichneten Verstand des tapferen Alten, der seine Länder zählt.

*

Die Metro-, Eisenbahn-, Straßenbahnunfälle, etc. haben ihr Gutes wie die Kriege, die den verhängnisvollen Bevölkerungsüberschuß beseitigen helfen.
Die auf diese Weise durch die klugen Dienste der Verwaltung der Metro mit Nutzen hervorgerufene Panik, gewährt der Öffentlichkeit Genugtuung, indem sie eine Zeitlang dem Gedränge in den Waggons abhilft.
Wer ist denn der kaum empfehlenswerte Idiot, der behauptet, daß die Etymologie des Wortes »metro« auf dem Verb »mettre« und einem Mengenadverb(trop) beruht?

*

Trotzdem, und um die der Öffentlichkeit gewährte Genugtuung noch zu vermehren, teilt der Oberhirte der Metro oder, da er nun einmal bei seinem Namen genannt werden muß, der Metropolit, großzügig den Sterbenden und den Aktionären die letzte Ölung aus.

*

Es ist bemerkenswert, daß der aufrechte Bürger, der nicht ohne Furcht einen Zeitungsausträger sich mit dem Fahrrad in das Gewühl der Autos hineinschmuggeln sieht, ohne Zögern seine kostbaren Tage der Eisenbahn, der Metro oder auf ganz andere Art mechanisch betriebenen Zügen anvertraut.
Von dem Moment an, wo es sich um eine Gesellschaft ... von Ingenieuren ... unter dem Patronat des Staates ... handelt, wo es um Geld geht ...
Selbst bezahlen müssen, in sie hineinzugelangen, macht sie vertrauenswürdig. Das muß seriös sein.
Und dann kann er keine Gewölbe bauen, noch den Wagenführer abgeben. »Gleise überschreiten verboten!« Der Zugchef, so ein donnernder Jupiter, schwingt den Kurzschlußblitz.
Dieser ehrenhafte Bürger, den seine Unwissenheit entschuldigt, verläßt sich ganz auf die Wissenden.
Er weiß nichts, aber wenn er sich jeden Samstagabend gemeinsam mit seiner Frau anstrengt, einen Erben zu machen, sagt er: »Wir werden ihn aufs Polytechnikum schicken.«

*

Es war nützlich, daß einige Wesen dieser Gattung, leider zu wenige, von einem System erstickt wurden, das ziemlich gut, wie man gesehen hat, an das Blutbad der Hunde im Holzschuppen erinnert.
Irgendein offizieller Dummkopf hat vorgeschlagen, ein Loch in das Dach der Metro zu machen, zweifellos um die »Zufuhr frischer Luft« zu ermöglichen.
Diese ausgesuchte bestialische Ungeselligkeit ist uns gar nicht unerläßlich erschienen.
Erstickte, gut; aber Luftgebräunte – das sind wahrscheinlich unnötige Kosten.

*

Seelenruhig und mit Vergnügen denken wir daran, daß diese kleinen Geschehnisse sich, mit einem Wort in der Kanalisation, einige Meter unter unseren Wasserklosetts, ereignen.
Oder er wird die Luftmetro erfinden müssen?

1903

Die Jungfrau mit Manneken-Pis

»Nun gut, nun gut«, sprach unser ehemaliger Erzieher und Gewissensvorstand Abbé Prout, als wir ihn unvermutet in einer Bar oder einem noch verrufeneren Lokal trafen; »nun gut, nun gut, mein lieber Schüler, Sie sind ein wenig dem Beichtstuhl abtrünnig geworden, aber ich werde den Trost haben, ein verirrtes Schaf wieder in den Schoß der Kirche zurückzubringen. Nun gut, nun gut, das ist doch gut. Nebenbei, was machen Sie in diesem Asyl liederlicher Wonnen?«
»Und Sie, mein lieber Abbé?«
»Ich übte mein Priesteramt aus. Ich warb Neulinge an, junge Mädchen, die noch ihr Unschuldsgewand ziert, für ein gutes Werk, die Unterstützung von Versuchungen. Je nun, das wird, wenn der liebe Gott ihm Leben verleiht, für lange Zeit die allein bevollmächtigte Ordensvereinigung sein. Und Sie, mein lieber Schüler, treiben hier zweifellos Sittenstudien?«
»Ich .. ich suchte nach Dokumenten über die Wallfahrten nach Lourdes, übrigens für die Zeitschrift *Le Canard Sau-*

vage. Könnten wohl Sie mir, mein lieber Abbé, darüber aufschlußreiches Material verschaffen?«
»Je nun, je nun«, sprach der Abbé, »ich habe Sie lange genug im Beichtstuhl ausgefragt, es wird den Herrn nicht verdrießen, daß wir die Rollen tauschen und die Ersten die Letzten sind. Ja, mein Sohn, es gibt fromme Leute, die sich im Wasser von Lourdes die Füße und den Rest waschen und auf diese Weise von den widrigsten Krankheiten geheilt werden. Es gibt außerdem noch frommere Leute, die von diesem Wasser trinken. Und ebenso wie die durstige Gazelle den Born in der Wüste sucht, belagern diese guten Christen die Eisenbahnen, um zur Wunderquelle zu gelangen. Zu herabgesetzten Preisen befördern Pilgerzüge jene Leute, die auch fromm sind, aber über weniger Geld verfügen. Die noch ärmeren Leute kosten noch immer anstatt Wasser von Lourdes das Wasser des Sankt Baldomerus und von tausend anderen Heiligen. Da das Wasser von Lourdes den Transport nicht verträgt, gibt es glücklicherweise Gastwirte, sowie Gesellschaften, deren Schienenwege unerforschlich sind, gleichwie jene süßeren Wege von Jesus. Und hat der liebe Gott nicht gesagt: wenn der Berg nicht zu euch kommt, geht zum Berg, oder zur Grotte?
Mein lieber Sohn, hätten Sie die Liebenswürdigkeit, dieses gute Werk mit einer kleinen Summe gutzuheißen: für das Wohl der Gläubigen habe ich das erbauliche Unternehmen *Lourdes-Wasser-Daheim* erdacht, gegen geringen Aufpreis aseptisch gemacht mit Chamberland-Filtern, System Pasteur, und, für Feinschmecker, mit ihrem Lieblingsaroma parfümiert. Bei der Geschäftsstelle des Werks kann man ausleihen oder gegen Nachnahme käuflich erwerben: die Kragendusche, das Wannenbad und, je nun, je nun, verschiedene vertrauliche und hydraulische Mechanismen, die frommen Damen die Geburt von Knaben versichern, oder, ganz nach Belieben, ihre Nichtgeburt, begleitet vom Salut dieser kleinen Seelen dank einer, wenn ich wagen darf zu sagen, vorausempfangenen Taufe, ehe sie das Licht der Welt erblickt haben.«
»Trinken Sie dieses Wasser, Abbé?«
»Nun gut, nun gut! Das ist ein ausgezeichneter Scherz, ohne dennoch die Grenzen gebührenden Anstands zu überschreiten. Sie wissen ja gut, mein lieber Schüler, daß die Wassertrinker laut Heiliger Schrift diejenigen sind, die im Irrglau-

ben des mosaischen Gesetzes leben, die Ungläubigen oder auch die zeitgenössischen Häretiker. Bleiben leider fast nur die Juden und Mohammedaner, die Wasser von Lourdes trinken. Das sind in diesen unruhigen Zeiten, in denen wir leben, die letzten guten Christen. Ein heiliger Priester trinkt, wie der Patriarch Noah, gleich beim Erwachen Wein, das Blut des Herrn. Die Zeitschrift *Le Canard Sauvage*, die in allen guten Häusern, in gottesfürchtigen nicht weniger als in weltlichen, Lieblingslektüre ist und in gewisser Weise die Rolle von *La Semaine Laïque* einnimmt, hat die außerordentliche Lebensdauer des verstorbenen Heiligen Vaters vorhergesagt, auf Grund der beträchtlichen Menge von Alkohol, die er zu sich nahm. Sein verehrungswürdiger Nachfolger, Seine Heiligkeit Pius X., wenn auch mäßig und Vegetarier, versäumt es nicht, zu jeder Mahlzeit mindestens einen halben Liter Friauler Wein die Kehle hinunterlaufen zu lassen und zwischen den Mahlzeiten, sozusagen dauernd, ein Glas herben Wein zu trinken.«

»Aber das Wasserbecken von Lourdes, mein lieber Prout?«

»Ganz richtig, da fällt mir bei Gelegenheit dieses Beckens ein anderes gutes Werk ein, für das ich Ihre Spende erbitte. In Brüssel befindet sich, wie Sie wissen, die Statue eines kleinen Kindes, das Manneken-Pis, das in jenem Moment dargestellt ist, wo es sich der Befriedigung eines unschuldigen Bedürfnisses hingibt. Um das Nützliche mit dem Natürlichen zu verbinden, hat der Magistrat daraus einen Brunnen gemacht, und die Wasserzufuhr wird mit einem Hahn geregelt. Weltliche Autoren behaupten, daß es sich hier um die Statue eines kleinen Kindes handelt, das den Herrn beleidigte, indem es auf einem Prozessionsweg Pipi machte und, ein moderner und christlicher Ewiger Jude, verdammt wurde, damit fortzufahren bis zum Jüngsten Tag. Der Bildhauer wurde als Verbrecher verbrannt. Kirchliche Autoren haben herausgefunden, daß es sich hier um nichts Geringeres als ein wunderbares Bildnis des Jesuskindes handelt, das seinen Segensstrom über die Welt ergießt, und das Symbol der Taufe. Das ist ein populärer und wahrhafter Glauben, der zu Zeiten des Erdendaseins unseres Herrn überall, wo er gewisse Notdurften verrichtete, die Vegetation wunderbar gedeihen ließ und eine fast tropische Flora erwirkte . . .

Mein Werk, mein lieber Schüler, besteht im Verwandeln aller

Statuen von Maria mit dem Kinde durch ein geschicktes Kanalsystem in *Jungfrauen mit Manneken-Pis*. Man legt Gas in Kirchen. Warum kein Wasser? Ein Weihwasserbecken wird das Überfließende und ein Opferstock die Spenden der Gläubigen auffangen. Die moderne und vollendete Bildhauerkunst von Saint-Sulpice wird, wenn die Hilfsquellen des Werks üppig fließen, eine mehr als täuschend ähnliche Haltung dem Gotteskind verleihen: seine Mutter wird ihn sitzend weit vom Boden halten, wie es gute Ammen tun.
Ich besitze in meiner Sammlung religiöser Stiche einen alten Holzschnitt, der in Troyes ediert ist und ein Mirakel unserer lieben Frau von Chartres darstellt, auf dem das Gotteskind auf herbeigeeilte Priester Strahlen wirft – nichts sonst, denn unser gutes Werk ist noch nicht gegründet ... Das Gotteskind, wenn ich so sagen darf, mein lieber Schüler, ähnelt auf der Abbildung, wenn es so fest in den Händen seiner göttlichen Mutter gehalten wird, einem Selzerwassersiphon ...
Nun gut, nun gut, das ist geradezu hervorragend und ist ein günstiges Vorzeichen für unser christliches Unternehmen.
Man verkauft schon, auf Grund der Initiativen des Werks, kleine Modelle des neuen Jesuskindes, auf Krawattennadeln montiert, mit *Strahl bis zur Straßenmitte ...*«
Wir unterbrachen den Abbé und drückten ihm die »bescheidene Spende« in die Hand, die er, wie es seine Art war, entgegennahm, vorausgesetzt, die Bescheidenheit war nicht zu winzig, und wir hörten nicht mehr das verlockende Programm einer weiteren seiner herrlichen kanonischen Erfindungen: *die Jungfrau mit Zäpfchen.*

1903

Anhang
Was ist Pataphysik?

Die Pataphysik ist eine Wissenschaft, die wir erfunden haben und deren Notwendigkeit sich allgemein bemerkbar macht.
Ubu Cocu, I, 3

Definition

Ein Epiphänomen ist das, was zu einem Phänomen hinzu kommt. Die Pataphysik, deren Etymologie sich 'επὶ (μετὰ τὰ φυσικά) schreiben sollte und deren wirkliche Orthographie *'Pataphysik,* mit vorausgehendem Apostroph, lauten muß, um ein billiges Wortspiel zu vermeiden, ist die Wissenschaft von dem, was zur Metaphysik hinzu kommt, sei es innerhalb derselben, sei es außerhalb derselben, und die sich genau so weit über diese erhebt, wie jene über die Physik. E. c.: da das Epiphänomen oft akzidentiell ist, soll die Pataphysik vor allem die Wissenschaft vom Speziellen sein, wenn man auch behauptet, es könne nur eine Wissenschaft des Allgemeinen geben. Sie soll die Gesetze untersuchen, durch die die Ausnahmen bestimmt werden und soll das über das unsere hinaus bestehende Universum erklären; oder bescheidener, sie soll ein Universum beschreiben, das man sehen kann und das man vielleicht statt des Überkommenen sehen sollte, weil die Gesetze des überkommenen Universums, die man entdeckt zu haben glaubt, Wechselbeziehungen zwischen Ausnahmen, wenn auch ziemlich häufigen, darstellen, auf jeden Fall aber zwischen akzidentiellen Fakten, die nicht einmal den Reiz der Einmaligkeit besitzen, weil sie sich auf wenig außergewöhnliche Ausnahmen beschränken.
DEFINITION: Die Pataphysik ist die Wissenschaft imaginärer Lösungen, die den Grundmustern die Eigenschaften der Objekte, wie sie durch ihre Wirkung beschrieben werden, symbolisch zuordnet.

Alfred Jarry, Heldentaten und Ansichten des Doktor Faustroll, Kap. 8

Julien Torma
Gedichte und Euphorismen

Hiobs Antwort

Denn nun werde ich mich in die Erde legen, und wenn du mich morgen suchst, werde ich nicht dasein.
Buch Hiob, 7, 21

Ich klopfe an die Mauer deines Kopfes,
Gott, der du dich weigerst zu dienen,
Geweihtes Atmen
Umgibt meine Ohnmacht!

Blind sucht meine Seele
Deine unbeschäftigte Liebe auf
Wenn die Sonnenvisite
Einen Graben bildet, der dem Vogelfreien gefällig ist.

Die Sucht, deinen Namen auszusprechen
Erdrückt meine Zerstreutheit.
Wo ich bin, wende Deinen Blick nicht ab
Vom astronomischen Gott!

Kataphrase des 90. Psalms

Im sanften Sonnenaufgang
Im traurigen Regen
Brechen mein Lächeln oder meine Tränen aus.
Die Meute der folgenden Tage
Bellt meine Taubheit an
Und die Händler versammeln sich
Zu meiner Zerstückelung.
Aber fest ist der Arm, dem ich mich unterwerfe
Und der Schatten, der mir vorausgeht
Kann mich nicht fassen.
Am Ende jeder Straße

Am Ende jeder Mauer
Hier und da
Gott
Gefundenes Geld.

Kataphrase des 95. Psalms

Ich bin viel erfahrener als ihr denkt.
Ich kenne Wörter, die ihr nicht aussprecht.
Und schrecklichen Aufbruch, wenn ihr zurückbleibt.
Das Fenster zur Welt ist für immer zugemauert:
Ich allein könnte sagen, was jenseits geschieht.

Betrachte Ihn genau, den du erblicken wirst.
Niemals trittst du in die Seele seiner Seele ein.
Für diese Reise ist er nur eine Barke ohne Ruder.
Und ich allein antworte der Aufforderung des Todes.

Ich habe geglaubt, deshalb habe ich gesprochen.
Auf der Höhe meines Lebens besitze ich
Eine ungeheure Kostbarkeit: ich sehe niemand, dem ich sie wegnehme.

Hohelied Salomonis

Sic nos amantem quis non redamaret?

Beglücke mich, Jahveh, mit langer Umarmung,
Schließe meine gegen Schmuck abgestumpfte Augen
In die sich verblasste Bilder einrammen
Von meinem Fußgestampfe ...
Ich möchte deine aufmunternde Hand
Auf meinem Fleisch fühlen
Die begeisterte Auferstehung von Lazarus ...
Vertrockne die Tinte des Schattens, aus dem ich heraustrete!
Laß keinen freien Platz an meinen Schenkeln!
Besetze alle meine Unterschlüpfe!
Die Nacht selbst möge der glorreiche Aufenthalt

Deiner jungen Ewigkeit sein.
Der Bauch Jahvehs wird mein Hunger sein:
Sein Geschlecht das Überleben
Meiner Niedergeschlagenheit.

Der Eine

Es ist nicht gut, daß der Mensch
allein ist.
Genesis 2, 18

Ich bin der Gute Apotheker
Der unter großen, schwarzen Bäumen
Belladonna beschwört,
Getreidebrand, Bilsenkraut
Blumenblätter der Königskerzen und Arnikastaub.
Die Schlupfwinkel schicken sich an zur ächzenden Unzucht
und auf die hohen Gräser legen sich Sonnenflecken.
Aber in dieser Pflanzenorgie
Die sich in einem umfriedeten Hain entfalten möchte
Bin ich *allein.*
– Und ich kann nur mir selbst ein Stelldichein geben.
Die rostige Eisentür
Alt wie die Gebeine der Welt
Im Südwind knarrend
– ist für immer geschlossen.
Wen lade ich in ihre Schatten ein
Meine süßsauren Gräser zu saugen?

Der unmögliche *Andere* verharrt außerhalb, um das furchtsame Portal zu betasten.
Der gefaltete Fenstersturz
Die Brustgitter
Und die Klappen groß wie ein Bauch
Heucheln Gedanken einer Leiche.

Du bist eingeschlossen in dem Symbol
Der Unerschaffenen Einsamkeit
Und die alleinige *Heimsuchung*
Wird ihr klaffender Tornado sein

Der deine Seele vernichten
Und ihre morgenroten Lustwäldchen
Im Feuer des großen Mittags zerstören wird!

Weltgeschichte

Weltgeschichte –
Ein alter Herr verkauft Frites
auf einer Building-Terrasse –
Ein malvenfarbiger Hottentotte
legt seine zerstückelte Mutter in ein Pökelfaß ein –
Ein vor Hitze krepierender Blinder,
der auf Knien einen unermüdlichen Leierkasten anfleht,
mit seinen abgedroschenen Liedern aufzuhören,
verbreitet schlimme Lepraepidemien.

Von Zeit zu Zeit bricht der Hottentotte in Lachen aus
Nun weint er.

Jericho

Die Welt ist voll von Menschen,
die nicht weiser sind.
La Fontaine

Blaise Pascal suchte glucksend
Gottes Penis im Pissoir.
Alles war zu lang
Das Imperfekt zu poetisch
Und seine Vergessenheit war vor Scham gelb geworden.
Aber die Phantome der Spermen
Bepflanzten die Gehirne
Die Sprachverwirrung
Verbreitete sich im Bordell-Babel
Im ABC der Hosen
Und der atlantische Soldat
Feierte im nach unten gekrümmten Geschlecht
Die Erektion des Totendenkmals.

Über seine Gebeine klapperten die Segen
Die dem Schmutz der Hallelujas nicht hinderlich waren
Die kaum die Glühbirne erlöschen ließen.
(sic)

Astrobiologie

Mein Schleppkahn schiffte sich durch den Kanal der Harnröhre
als ihn der Hund des Schleusenwärters im Kielwasser
einholte und ihm die Zunge rausstreckte.
Der Schiffer, der auf dem Griff des Steuerruders saß
und untergetaucht durch die Bäume
die wir auf dem Treidelpfad entwurzelt hatten
gedachte der Kartenlegerinnen.
Gedenkt der Chaldäer –
ihr Leichenbestatter!
Öffnet die Augen
zwischen den Schiefern der Pissoirs.

Ohne Angabe der Adresse

Ein Wasserfall oberhalb der Stadt
dringende Briefe ohne Adresse
Freunde, die quer übers Land entfliehen
die Hände erhoben
die Augen in Richtung Meer
schöne durch Falten erhaltene Tintenkleckse
sagen es diesmal sehr klar:
SCHEISSE
oder
VERDUFTE
oder noch
VERSCHWINDE MIT DEM WIND.
Seid gegrüßt kleine Kinder
verfehlt nicht
das Rendezvous mit dem Ende der Welt.

* Unsere Ideen über den Tod sind ohne Hintergedanken. Die einen glauben, daß man nicht stirbt. Das ist – offensichtlich – zu naiv. Die anderen glauben, daß Sterben nichts ist, in Anbetracht daß man vorher lebt und nachher nicht mehr darüber nachdenkt. Das ist – nicht weniger offensichtlich – zu gut durchdacht. Es scheint, will man kalt urteilen, daß die Zweiten recht haben, weil sie besser die Tatsachen zum Ausdruck bringen. Aber das ist eine Illusion: die Tatsachen beweisen hier gar nichts, wenn sie jemals irgendetwas beweisen. Der Tod ist ironisch.

* Es gibt diejenigen, die nicht daran denken zu glauben, und die, die entdecken, daß sie glauben. Die ersteren machen die wahrhaft Gläubigen aus, wie Wilde oder Hexen. Die anderen sind die Jesuiten und die Intellektuellen, alle Köche, die die Zwischengerichte der Sicherheit zubereiten.
Diejenigen, die zu gestehen wagen, daß sie denken, wissen sehr gut, daß man nicht glauben kann. Werden sie halsstarrig, erlebt man klassisch verzweifelte Versuche (mit frenetischen Manifestationen): der Katholizismus Peguys (der sich übrigens nicht taufen läßt), die faschistische Psychose, die bolschewistische Dialektik und in allgemeiner Art die Agitation all dieser vom Teufel Besessenen, die das »Gute« wollen. Die Wissenschaft ist ein Opium, von dem man weniger Schlechtes redet, das aber sehr trügerisch ist, außer für Bürokraten des Glaubens.
»Du bist noch bei der Versuchung des Antonius. Die Lust des gehemmten Triebes, die Zuckungen knabenhaften Stolzes, das Erschlaffen und das Entsetzen ...« (Rimbaud)

* Nicht das Licht zieht mich an, sondern der Schatten stößt mich ab.

* Die besseren Scherze sind fehl am Platz.
Zu lachen wissen über sein eigenes Lachen und sich über den Ernst amüsieren, mit dem die Menschen sich amüsieren. Könnte sie selbstbewußt sein, wäre die klassische Komik vollkommen, so sehr ist sie dumm (die Scherze Molières). Und diejenigen, die darüber mit vollem Bauche lachen (wenn sie einen Argwohn hegten), werden die wahren »Schelme« sein.

Der Humor ist nicht mehr als eine ziemlich stinkende Spielart der ordinären Komik. Er ist eine Wirkungskraft und genießt eine fast soziale Stellung.
Wir befinden uns ziemlich jenseits dieser weichgekochten Spielchen.
Wir sind beim erratenen Einverständnis und beim Geheimnis der Polichinelle, beim verweigerten und zugleich gekünstelten Lachen und beim verräterisch ermutigten Ernst, dem Genuß des reinen Schauspiels der Einfalt in seiner triumphalen Notwendigkeit.
Unser Zeichen, das ist der falsche Geist, das Gelegenheitsgedicht zur unpassenden Zeit, der verfehlte Scherz, der mitschuldige Ernst, der lahme Kalauer, der schlechte Geschmack, fein dick . . .
Aber selbstverständlich sind das nur Zeichen, Augenblicke. Es handelt sich nicht darum, diese Mystifikation zweiten Grades ernstzunehmen, noch daraus eine Komik zu machen – aber sie überhaupt entschrauben »und so weiter« (wie Achras sagte). Denn dieses kleine Spiel hat kein Ende. Bis zur Erschöpfung (des Spielers und des Spiels).
Alfred Jarry.
Diejenigen, die ihn nicht drollig finden, haben recht. Seine Witze sind schwach, sein Humor forciert, und selbst im zweiten Grad, wenn er augenscheinlich über sein Publikum lacht, ist seine vorgegebene Komik schauerlich. Daher sein relativer Mißerfolg, der für ihn übrigens ein Sieg bedeutet, den einzigen. Mißerfolg, der zu einer Niederlage (oder Sieg, der zum Triumph) wird, selbst wenn man seine Förderer betrachtet und ihre köstlichen Widersprüche, wenn sie sich zum Lachen gezwungen glauben, – oder ein noch besserer Widerspruch, wenn sie spontan lachen. Ah! Er hat sie gefoppt, *alle*.

* Die Poesie ins Gedicht zwingen bedeutet zu verhindern, daß sie ins Leben eindringt. Wir wollen nichts mehr schreiben. Der Dichter von Morgen wird sogar den Namen der Poesie ignorieren.

* Das Hauptwort bleibt das von unserem Freund Backenbuckel, dem Wasserkopfaffen: Ha! Ha!

1926

René Daumal
Medizinische Chronik

Beobachtung eines Falles von vorzeitiger Altersschwäche an einem Landbriefträger, der durch Wackeln mit den Ohren auf den Namen Nathaniel hört.

NATHANIEL:
Laß mich den Dreck meiner Windeln wiederkäuen
Den die mit schweren Kreuzschlägen traktierten geifernden Rinder wegschaffen.
KRANKENWÄRTER:
Iß deine Suppe!
NATHANIEL:
Ich würde lieber meiner Amme den süßen Mond
aussaugen, die meine Füße leckte, als ich krank war.
KRANKENWÄRTER:
... Oh! Eine Brotsuppe! ...
NATHANIEL:
Die Pappeln der Avenue, wo kleine Kinder erhängt wurden
sind traurig wie abgeschnittene Zehen.
KRANKENWÄRTER:
Willst du essen! ...
NATHANIEL:
Aber er ist schal, der Mond; und ich bin zu wenig wirklich
ein Mensch. Der Himmel ist eine Trommel.
KRANKENWÄRTER:
Willst du
Deinen Bären?
NATHANIEL:
Ich bin nicht so klein, damit man mich liegen läßt
In dieser Tabaksdose, die nach schimmeligem Holz riecht.
KRANKENWÄRTER:
Was sagt er?
NATHANIEL:
Ich will ein Dada sein, groß wie eine Kathedrale
Eine Gerstenzuckerschnecke, und dann ... das KIND!
    das bleiche
    Kind!

Man soll mir das grüne Kind meiner ausgedorrten Nächte bringen, mein süßes aussätziges Kind, mein Vater der Seebär.

KRANKENWÄRTER:

Du wirst ausgepeitscht, wenn du nicht vernünftig bist!

NATHANIEL:

Das KIND! Ich sage das Kind! Ich werde meine Pappseele wie einen Floh hüpfen lassen; und dann meine Baumwollseele . . . ich werde euch ersticken mit ihr!

ALARMGLOCKE:

(bei erhobenem Zeigefinger des Krankenwärters)

Drrrrrrrrrrrr
Drrrrrrrrdrrrr
drr
drrrr drrr drrr
drr
dring drrrrr
drrr
rrr drr drr
drr

Diese Szene, wie peinlich sie auch immer sein mag, ist nicht im geringsten dazu geeignet, der heutigen Jugend als Beispiel zu dienen, der Jugend, die die Hoffnung der Rasse und des Vaterlands ist, und die sich niemals den drei verachtenswerten Seuchen der Gesellschaft hingeben möge:

dem Wein
dem Tabak
und den Frauen!

Raymond Queneau
Sobald der Geist

I

Sobald der Geist unter Außerachtlassung unmittelbar praktischer Ziele sich intensiv dem Studium der *Physischen Welt* widmet, wird er durch ihre Vielfalt derart verwirrt, daß sich zu ihrer Erklärung nur noch die Prinzipien der Relativität oder der Statistik anbieten, da diese Vielfalt sich in einem früheren Stadium sowohl auf den forschenden Geist als auch auf die zu erforschende Physik anwenden ließ. Die Klassifizierung in Lebendes und Nichtlebendes ist die Grundlage sowohl der Physik als auch der Chemie, denn der freie Fall der Körper, für dessen Gesetze die Feder oder das Blei als Vorbild dienten, nimmt sich weder das Meerschwein noch die Schnecke zum Beispiel. Weshalb sind die Experimente zur Aufstellung der Gesetze der Schwerkraft nie mit lebenden Wesen durchgeführt worden: einer Taube zum Beispiel oder einem Adler? Hierin liegt ein Mangel an Redlichkeit beim Physiker. Da zum andern eine Vielzahl von Gegenständen nicht *fällt* (der Staub, der in der Atmosphäre hängt, die Vögel, die Wolken, die Ballons, die Flugmaschinen, die Planeten, die Sterne, die Archäopteriden zu ihrer Zeit und so weiter), ist also kein Grund vorhanden, daß die *anderen* fallen. In Wahrheit nimmt ein Ding nur dann seinen Weg zum Mittelpunkt (?) der Erde (??), wenn es einem BAUSCH begegnet. Ein Bausch ist ein unsichtbares, imaginäres und trügerisches Wesen, das den Objekten ohne materielle Stütze auflauert und sich an ihnen festklammert. Dann fliegt er zur Erde und setzt sie dort ab; dann kehrt er zurück. Man hat so die Illusion eines freien Falles, aber es ist nichts damit: es ist lediglich eine Art Transport, ich behaupte sogar eine Weise der Ortsveränderung.

Wir werden in der Oberklasse die Bausche untersuchen, die im freien Fall der Blätter spezialisiert sind und die, die die Formen des Alters und des Todes annehmen.

II

DIE WELT ist eine Tablette, die in ein Glas Wasser gefallen ist.

DIE LUFT UND DAS WASSER sind identisch in bezug auf die Erde, der Äther und das Wasser in bezug auf die Welt; die Berge sind das Ergebnis des Zerfalls der Erde unter der Wirkung der Luft.
DIE PLANETEN sind das Ergebnis des Zerfalls der Sonne unter der Wirkung des Wassers (Äther).
DIE TRABANTEN sind in der Tablette enthaltene Luftblasen, die im Augenblick ihres Zerfalls entweichen und gewisse feste Teilchen mit sich ziehen. Die Meteore und die Kometen scheinen allein fest und explosiv zu sein. Daher ist DER MOND hohl.
Auf dem Grunde der Welt liegt eine Tablette, die im Zerfall Sterne in den Himmel schleudert.
ALEXANDRINER: Im Grunde ist der Stern verloren und die Himmel / sind Wasser.
DIE ERDE liegt auf dem Grunde; sie hat – wenn man will – die Sterne erzeugt.
DIE TEILCHEN, die hochgeschleudert wurden, fallen zurück an ihren alten Platz. Dies ist der Ursprung der Inseln und Kontinente. Die Erde ist ein gesunkenes Schiff, der Mond ist ein Ertrunkener, die Kometen Strandgut.
DIE TABLETTE ist ein Vulkan, ihr eigener Zerfall die Lava, die Teilchen A der Rauch, die Teilchen B der Bimsstein.
Sie ist auch der Tote, der in die städtische Erde der Friedhöfe fällt, die Teilchen A sind die Verzweiflungsschreie des Begrabenen, der atmet, die Teilchen B sind die am schnellsten gesättigten Würmer, die an die Oberfläche galoppieren, um am Fuße der so nahen Zypressen frische Luft zu schöpfen. Das Männchen steckt ab mit seinem Stock, und das Weibchen stickt Kissen in Fächerform.
DIE ASTRONOMIE ist eine verfehlte Wissenschaft, und die Sonne dreht sich weiter um die Erde. Die Vorurteile hinsichtlich der Lichtjahre haben stets nur die Populärwissenschaftler interessiert und die, wie es scheint, unberechenbare Zahl der Sterne hat nichts mit der Unendlichkeit zu schaffen. Die Astronomie, schwank und schwächlich, zieht sich in Entablissements von obszöner Form zurück, Observatorien genannt: eine geschlitzte Kuppel, in der ein Teleskop steckt.
DIE IDEE des MONDES ist ein Begriff in Birnenform. Ebenso hat DER BEGRIFF SONNE die Form eines Eies.

Louis-Philippe ist der Mondkönig. Louis XIV der Eierkönig.
BIRNENform haben: das Königtum, die S.D.N., das Bürgertum, das Bürgerliche Gesetzbuch, die Unverletzlichkeit der Staatsgebiete, die Fahne.
EIform haben: der Papst, der Christ, der Unbekannte Soldat, die Taufe, die Beschneidung, der Vatikan.
Der Krieg ist ein Begriff in Form eines Zigarrenabschneiders; der Frühmorgen in Form eines Totenkopfes (der Wecker zum Beispiel steht auf zwei Schienbeinknochen);
der Regenschirm in Form einer Schreibmaschine.
Es gibt auch Ideen in Form von Sardinenbüchsen: die Bilderrätsel, die Häuser, die toten Sprachen, die lebenden Sprachen.
Ich brauche wohl nicht lange weiterzusuchen. Es genügt mir, den künftigen und bezahnten Forschern den Weg zu ebnen (da der Begriff der Forschung die Form eines ZAHNS hat).

Boris Vian
Die Feuerwehr

Patrick versuchte verzweifelt, das Streichholz an der Wand anzuzünden, eine ideale Reibfläche, weil der Putz schon etwas abgeblättert war. Beim sechsten Versuch brach das Streichholz ab, und Patrick gab es auf, denn er beherrschte noch nicht die Kunst, sich beim Anzünden eines abgebrochenen Streichholzes die Finger zu verbrennen.
Ein Lied auf den Lippen, in dem der Name »Jesus« häufig vorkam, begab er sich in die Küche. Seine Eltern zogen es nämlich vor, die Streichhölzer in der Nähe des Gasherdes aufzubewahren und nicht im Spielzeugschrank, wogegen Patrick lediglich einen moralischen Protest anmelden konnte, denn er war nicht der Stärkere. Was den Namen »Jesus« anbelangt, so war das eine zusätzliche und gegenstandslose Anklage, eine Art von Vervollkommnung, denn niemand im Haus ging zur Messe.
Auf Zehenspitzen hob er den Deckel von der kleinen Blechbüchse und nahm eins von den kleinen Schwefelhölzchen heraus. Ein einziges auf einmal; man hat nicht in einem solchen Maße Veranlassung, auf sein Ziel loszugehen.
Dann ging er im umgekehrten Sinn den Weg von der Küche in den Salon zurück.
Als ich reinkam, hatte das Feuer die Vorhänge anständig erfaßt, sie brannten mit schöner, heller Flamme. Pat saß in der Mitte des Salons und fragte sich, ob es ihm wirklich Spaß mache. Als er meine teilnehmende Mine sah, entschied er sich, unter sich zu blicken.
»Hör zu«, sagte ich zu ihm. »Entweder amusierst Du dich und dann besteht auch kein Anlaß zum Heulen, oder es amusiert dich nicht und dann weiß ich nicht, warum Du das gemacht hast.«
»Es amusiert mich nicht so«, sagte er, »aber ein Streichholz ist doch zum Anzünden da.«
Worauf er wie ein Kalb zu wimmern begann.
Um ihm zu beweisen, daß ich es nicht weiter tragisch nahm, schlug ich einen leichten Ton an.
»Mach dir nichts draus«, sagte ich. »Als ich sechs Jahre alt war, habe ich auch alte Benzinkanister angesteckt.«

»Ich hatte keine. So mußte ich eben das nehmen, was ich vorfand.«
»Komm ins Eßzimmer«, sagte ich, »und reden wir nicht mehr davon.«
»Mit kleinen Autos spielen«, sagte er begeistert. »Seit mindestens drei Tagen haben wir nicht mehr mit kleinen Autos gespielt.«
Wir gingen aus dem Salon, dessen Tür ich diskret abschloß. Die Vorhänge waren jetzt völlig verbrannt, und das Feuer begann, sich in den Teppich zu fressen.
»Also los«, sagte ich, »Du nimmst die blauen und ich die roten.«
Er sah mich an, um sich zu vergewissern, daß ich nicht mehr ans Feuer dachte und erklärte befriedigt:
»Ich werde dir eine Tracht Prügel verpassen.«

*

Nach einer Stunde Autospielen und einer nicht endenwollenden Diskussion über die Zweckmäßigkeit einer Revanche, gelang es mir, ihn in sein Zimmer zu locken, wo, wie ich ihm versicherte, sein Malkasten ihn mit fiebernder Ungeduld erwarte. Dann begab ich mich mit einem Laken in den Salon, um den Beginn der Feuersbrunst, die ich auf keinen Fall tragisch nehmen wollte, zu ersticken.
Man sah nichts mehr, denn eine dicke, schwarze Rauchwolke verpestete die Atmosphäre. Ich wollte herausbekommen, ob sich der Geruch der brennenden Wolle gegenüber dem der schwelenden Tapete durchsetzte, aber ein Hustenanfall machte meinen Überlegungen ein Ende. Pustend und spuckend umwickelte ich meinen Kopf mit dem Laken, befreite mich jedoch gleich wieder davon, denn das Laken hatte gerade Feuer gefangen.
Rußgeflimmer schwirrte durch die Luft, und der Fußboden krachte und zischte. Fröhliche Flammen loderten umher, um auch das noch zu erfassen, was noch nicht brannte. Als ich fühlte, wie eine glühende Zunge sich in meinen Hosenboden bohrte, trat ich den Rückzug an und schloß die Tür. Auf dem Weg zurück ins Eßzimmer ging ich zum Zimmer meines Sohnes.

»Das brennt ganz schön«, sagte ich zu ihm. »Komm, wir rufen die Feuerwehr.«
Ich näherte mich dem Tischchen, auf dem das Telefon stand und wählte die Nummer 17.
»Hallo?« sagte ich.
»Hallo?« lautete die Antwort.
»Bei mir brennt es.«
»Adresse?«
Ich gab Länge, Breite und Höhe der Wohnung an.
»Gut«, hieß es, »ich verbinde Sie mit Ihrer Feuerwehr.«
»Danke«, sagte ich.
Ich erhielt schnell die neue Verbindung und beglückwünschte mich, daß die Posteinrichtungen so bemerkenswert funktionierten, als sich eine heitere Stimme an mich wandte.
»Hallo?«
»Hallo?« sagte ich. »Die Feuerwehr?«
»Ein Feuerwehrmann«, war die Antwort.
»Bei mir brennt es«, sagte ich.
»Da haben Sie Glück«, antwortete der Feuerwehrmann. »Sollen wir einen Termin vereinbaren?«
»Können Sie nicht sofort kommen?« fragte ich.
»Unmöglich, Monsieur«, sagte er. »Wir sind im Augenblick überlastet, überall sind Feuersbrünste. Übermorgen um drei, das ist alles, was ich für Sie tun kann.«
»Einverstanden«, sagte ich. »Danke. Bis übermorgen.«
»Wiedersehen, Monsieur«, sagte er. »Lassen Sie Ihr Feuer nicht ausgehen.«
Ich rief Pat.
»Pack Deinen Koffer«, sagte ich zu ihm. »Wir werden für einige Jahre zu Tante Surinam ziehen.«
»Klasse!« rief Pat.
»Siehst Du«, sagte ich zu ihm, »Du hättest das Feuer nicht gerade heute legen sollen: die Feuerwehr kann erst in zwei Tagen kommen. Sonst hättest Du diese Autos sehen können ...«
»Hör mal«, sagte Pat, »sind Streichhölzer zum Anzünden da, ja oder nein?«
»Natürlich«, sagte ich. »Wozu sonst?«
»Der Kerl, der sie erfunden hat, muß ein ziemlicher Blödmann sein«, sagte Pat. »Mit einem Streichholz sollte man nicht *alles* anzünden können.«

»Du hast recht«, sagte ich.
»Endlich«, meinte er. »Es tut mir leid. Komm spielen. Diesmal nimmst Du die blauen.«
»Wir spielen im Taxi weiter«, sagte ich. »Beeil dich.«

Doktor Schweitzer

Ob mittags oder um Mitternacht, immer
Wenn ich an Sie denke, muß ich scheißen, Doktor Schweitzer.
Sollten Sie in die Legende eingehen
Ziehen Sie bitte Gummischuhe an.
Ihre alten Trapperlatschen
Lärmen zu sehr auf dem Kies.
Führende Spitzbuben
Umgeben sich mit Ihrem Heiligenschein.
Für wen eigentlich, Doktor Schweitzer, heilen Sie
Diese Neger, die Sie auflesen
Und die man morgen ans Messer liefern wird?
Bleiben Sie in Ihren Tempeln aus Nußbaum
Spielen Sie mit den Füßen Orgel
Üben Sie Bach, soviel Sie wollen
Aber Sie sollen wissen, daß ich seit hundert Jahren
In die Länge, in die Breite und in die Quere

Ob mittags oder um Mitternacht, immer
Wenn ich an Sie denke, scheißen muß, Doktor Schweitzer.
Das mußte doch mal gesagt werden ...

Feierliche Antrittsrede seiner Magnifizenz Doktor Sandomir

Liebe Aufseher,
Liebe Satrapen,
Liebe Regenten,
und Ihr alle, liebe Zuhörer im Collegium pataphysicum.

Indem ich so dichtgedrängt die anwesende Versammlung vor mir sehe, vereinigt zu dieser feierlichen Eröffnungssitzung, scheint es kaum möglich, so leichthin gewisse Zweifel *(Sensation)* zu beseitigen, die die Begeisterungen vernebeln könnten.
Da das Collegium pataphysicum nach längerer Trächtigkeit endlich zur Welt gekommen ist, und daß die Welt nun zu ihm kommt *(Applaus)*, ist es nicht eine Art von Verfall und gleichsam eine Verdünnung seiner pataphysischen Vortrefflichkeit? *(erneute Sensation)* Wir fürchten nicht, es laut zu sagen *(sehr gut, sehr gut!)*, was andere sehr leise denken. Und da die Existenz für ein solches Collegium nicht viel mehr als ein kaum notwendiges Übel sein kann, wären wir nicht weit davon entfernt, ihre Meinung zu teilen, wenn ausgerechnet dieses notwendige Übel – und besonders kraft der Widersprüche, die es in sich enthält – nicht als geeignet erschiene, den pataphysischen Charakter in der Tiefe zu vervollkommnen: denn das würde die 'Pataphysik eingrenzen, unter dem Vorwand, sie den Grenzen des Seins zu entziehen, sie in die Bereiche des Nichtseins einschließen zu wollen *(Applaus)*. Die 'Pataphysik transzendiert aber sowohl das eine wie das andere, und wie es unsere Satzungen behaupten, kann sie die Existenz eines Collegium in keiner Weise begrenzen oder zusammenziehen, da sie ja die Unbegrenztheit ist. *(Der Saal erhebt sich und applaudiert dem Vize-Kurator und Gründer.)*

*

Das Collegium bedurfte keiner Geburt, damit die 'Pataphysik sei; ontologisch, wenn ich mich dieses plumpen Adverbs bedienen darf, geht die 'Pataphysik dem Sein voraus. A priori ist dies selbstverständlich, da das Sein nicht mehr Vernunft hat zu sein, als die Vernunft Sein hat. A posteriori ist es ebenso selbstverständlich, da die Manifestationen des Seins *Schweigen bekundet äußerste Aufmerksamkeit.)*

In der unendlichen Wiederspiegelung des pataphysischen Lichts ist das Sein nur ein Strahl und nicht der glänzendste unter allen, die diese unerschöpfliche Sonne verlassen. Und der, den die menschliche Gebrechlichkeit den Schöpfer nennt, war nur, wie es unser unabsetzbarer Kurator Dr. Faustroll *(Jubel)* zu verstehen gibt, der erste in der Zeitrechnung oder in der Äthernitas unter allen Pataphysikern. Wenn die Heilige Schrift die erstgeborene Weisheit schildert, die verkündet: *Nondum erant abyssi et jam concepta eram,* zweifeln wir dann nicht, daß es sich um die 'Pataphysik handelt, mit dem Unterschied, daß sie nicht von Gott *ante saecula* geschaffen wurde, sondern im Gegenteil, wie alles dahindeutet, er sie *ipsum et saecula* zusammen mit anderen pataphysischen Dingen schuf. Die Welt ist nur eines dieser Dinge, und die Menschen, da es die Sitte gebietet, sie zu benennen, sind pataphysische Verhärtungen. *(Sehr gut!)*

Die heutige Zeit hat das Vorrecht gehabt, uns das mit besonderem Glanz in Erinnerung zu bringen. Seit dem scheinbaren Tod von Alfred Jarry scheint es, daß die Menschheit sich unbewußt zur Aufgabe gemacht hat, – zwar *nicht wirklicher,* denn das ist nicht möglich, – aber in einer offeneren und blendenderen Weise die explosive Weite und unbegrenzte Verschwendung der 'Pataphysik zu verkörpern. *(Tiefes Schweigen bekundet äußerste Aufmerksamkeit.)*

Unsere erste Weltenthirnung und der Friede, der darauf folgte, unsere Wohlstandszeiten und Krisen, unsere gepaarten Überproduktionen und Notzeiten, unsere Moral und unser Defaitismus, der belebende Geist und die mörderische Literatur, unsere wissenschaftlichen Mythologien und unsere Mystiken, unsere bürgerlichen und militärischen Tugenden und unsere revolutionären Glaubenslehren, unsere platonischen und anderen Verzweiflungen, unsere faschistischen wie auch demokratischen Wutanfälle, unsere Besetzung und unsere Befreiung, unsere Kollaboration und unsere Widerstandsbewe-

gung *(keine Unruhe)*, unsere Triumphe und unsere Opfer, die Durchsichtigkeit unserer Magerkeit wie die Schwärze unserer Märkte, dann die unerschütterliche und unvermeidliche Wiederaufnahme des Geschreies auf dem Forum, unsere Radios, die Zeitungen, unsere nationalen und internationalen Organismen, unsere pädagogischen Theorien aller Art, unsere ordentlichen und außerordentlichen Gerichte, unsere Krankheiten und unsere Schrullen, alles was geschrieben, gesungen, gesagt und getan wird, all diese unbezahlbare Ernsthaftigkeit, diese unerbittliche Possenhaftigkeit, dieses Kolosseum von blablabla scheinen mit einem bewunderungswürdigen Fleiß aufeinander abgestimmt worden zu sein, damit nicht der geringste falsche Ton diese allumfassende und fehlerlose Pataphysische Harmonie entstelle. *(Donnernder Applaus.)*
So wenden wir uns an Sie, liebe junge Zuhörer, und sagen Ihnen: Öffnet die Augen, und Ihr werdet sehen! *(Zeichen der Billigung)* Glücklicher als Paulus, der sich die Gottheit nur durch Rätsel und in einem Spiegel vorstellen konnte, stehen sie der 'Pataphysik Auge in Auge gegenüber. So auch die Lehren dieser gelehrten Regenten, das Beispiel dieser unverwelklichen Satrapen, die Leitung dieser durchlauchtesten Aufseher Ihnen nichts weiter beibringen können als dieses vor Ihnen ausgebreitete Schauspiel. Und wir erwähnen hier gern die Worte, die ein großer Pataphysiker, der sich leider seiner 'Pataphysik unbewußt war, benutzte und den wir Dr. Pangloss genannt haben: Pataphysisch kann man sagen, daß alles zum Besten in der pataphysischsten aller möglichen Welten. Es könnte nicht mehr 'Pataphysik geben, als es in der Welt davon gibt, weil es nur sie gibt. Diese Welt ist in ihrer ganzen Tragweite das wahre Collegium pataphysicum. *(Applaussalven. Sehr gut!)*

*

So wird die Rolle des hier gegenwärtigen Collegium viel bescheidener sein. Und ich komme jetzt zur Prüfung eines neuen Zweifels *(Unruhe)*, den ich aus Ihren Gedanken las. Haben Sie nicht tatsächlich, sei es nur für einen Augenblick, trotz der unschätzbaren Garantien, die Ihnen die pataphysisch untrügerische Persönlichkeit dieser Optimaten versicherte, haben Sie nicht so etwas wie ein Zögern auf der

Schwelle dieses Collegium verspürt? *(Zögern)* Wer Collegium sagt, sagt er nicht Lehre? Wer Lehre sagt, sagt er nicht Nützlichkeit oder Anspruch auf Nützlichkeit? Wer Nützlichkeit sagt, sagt er nicht Ernst? Wer Ernst sagt, sagt er nicht Antipataphysik? Alle diese Begriffe sind sich gleich *(Großes Erstaunen)*. Und es wäre zu leicht, darauf zu erwidern, daß nichts antipataphysisch sein kann, da ja alles und sogar das Jenseits von allem pataphysisch ist. Pataphysisch ist dies offenbar, aber verhindert in keiner Weise, diese Antipataphysik zu sein. Denn sie ist: sie ist in aller Fülle, sie ist stark, sie ist agressiv. Und aus was besteht sie? Ah, nun wendet sich der Einwand *(allgemeiner Seufzer der Erleichterung):* sie ist genau die Unwissenheit ihrer eigenen pataphysischen Natur, und es ist diese Unwissenheit, die die Kampfeslust, die Stärke, die Fülle und die Wurzel ihres Wesens ausmacht. Der Ernst Gottes und der Menschen, die Nützlichkeit der Dienste und Werke, die Schwere und die Gewichtigkeit der Lehren und Systeme sind nur deshalb antipataphysisch, weil sie sich nicht pataphysisch verkünden wollen noch können; denn was das Sein anbetrifft, können sie nicht anders sein. *(Allgemeine Zustimmung)* Ducunt volentem fata (i. e. pataphysica) nolentem trahunt. *(Bravo!)* Und somit ist das Collegium pataphysicum gegründet. *(Stürmischer Beifall)*
Denn in ihm manifestiert sich die einzige und grundsätzliche Unterscheidung zwischen der 'Pataphysik als Substanz, wenn man so sagen kann, vom Sein und vom Nichtsein, und der 'Pataphysik als Wissenschaft von dieser Substanz oder anders umschrieben: zwischen der 'Pataphysik, die man ist, und der 'Pataphysik, die man macht. So gibt es, wie unsere Satzungen es ausdrücken, zwei Arten von Pataphysikern: einerseits die, die es sind, ohne es zu wollen noch zu wissen noch überhaupt wissen wollen: das ist, das muß sein, das wird sein die ungeheure Menge unserer Zeitgenossen; und andererseits die, die sich als Pataphysiker erkennen, sich bestätigen, es von sich fordern und in denen die 'Pataphysik im Überfluß da ist. In ihnen wohnt das wahre pataphysische Vorrecht, da ja »die 'Pataphysik die Wissenschaft ist«. *(Endlose Hochrufe)*
So sind es diejenigen, die unser Collegium vereint hat auf seiner unnützen Arche, die auf der Sintflut der Nützlichkeiten dahinschwimmt und frei herumsegelt. Sollten wir bedauern,

daß das Collegium weder demokratisch gesinnt sein kann noch daß es sich an alle wendet? Sind in den Fluten die Wellen der Vielen nicht notwendig, um das noetische As zu tragen? Glauben Sie, daß ein Unternehmen, das weder die Ernsthaftigkeit noch das Lachen, diesen schamhaften Ernst, ernst nimmt und sich weigert, lyrischerweise lyrisch zu sein, zu irgend etwas zu *dienen,* den Menschen oder, was noch seltsamer ist, die Welt zu retten, ökumenische Ansprüche erheben kann? *(Zurufe: Nein, Nein!)* Das Collegium ist keine Kirche. Es braucht nicht möglichst viele »Seelen« zu gewinnen. Außerdem könnten die meisten daran keinen Gefallen finden, denn in ihrer pataphysisch naiven Verkennung der 'Pataphysik (die sie dennoch verkörpern) finden sie eine Art von mittelmäßiger, herzstärkender Arznei, auf die sie kaum verzichten können. *(Mißbilligendes Gemurmel)*
In der Minderheit aus Berufung *(Billigendes Gemurmel)* sind wir umso behender, um unsere epigäische Navigation zu unternehmen, auf diesem neuen, in geeigneter Weise paraffinierten As, dem Collegium patapysicum!
(Applaus, Hochrufe und stürmischer Beifall. Die Versammlung erhebt sich und singt die Hymne der Palotine.)

Gespräch über Pataphysik

Marc Bernard, Boris Vian, später Henri Salvador.

BERNARD: Würden Sie bitte unseren Hörern einen Einblick in die pyramidale Konstruktion des Collège de Pataphysique gewähren?

VIAN: Das Collège de Pataphysique wird von einem unabsetzbaren Kurator geleitet, das ist Dr. Faustroll. Unter dem unabsetzbaren Kurator gibt es einen Vize-Kurator, der Anspruch auf den Titel Magnifizenz hat. Der letzte rechtmäßige Vize-Kurator ist vor einigen Jahren gestorben. Wir schreiten am 11. Juni zur Akklamation des neuen Vize-Kurators des Collège de Pataphysique. Unter jenem steht ein Corps von Aufsehern: General-Aufseher, oder nicht. Schließlich haben wir Satrapen, die Anspruch auf den Titel der Transzendenz haben, dann die Regenten, deren Amt in der Unterrichtung einer Anzahl von mehr oder weniger komplexen Disziplinen besteht, in denen sie sich selbstverständlich immer auszeichnen. Ich selbst bin nicht spezialisiert in der Hierarchie des Collège. Übrigens ist all dies . . .

BERNARD: Eher geheimnisvoll, ich verstehe wohl.

VIAN: Es sind Geheimnisse, die man leicht anritzen kann, etwa so.

BERNARD: Seine Magnifizenz Dr. Sandomir war, glaube ich, neun Jahre älter als Alfred Jarry, mit dem er befreundet war. War es seine Vorliebe für den Schöpfer des Ubu, die Seine Magnifizenz Dr. Sandomir veranlaßt hat, und gleich ihm die »Cahiers de Pataphysique«, ein Denkmal zum Ruhme Alfred Jarrys zu errichten?

VIAN: Nein, nein, das alles ergab sich aus einer Reihe von Begegnungen. Der pataphysische Geist selbstverständlich existierte lange vor Jarry; er wird auch lange weiterexistieren, auch wenn die »Cahiers« verschwunden sind, wenn sie verschwinden. (Übrigens sind sie bereits verschwunden, sie sind durch »Dossiers« ersetzt worden.) Aber die Pataphysik als Ganzes hat eine seltsame Eigentümlichkeit, so daß sie ganz selbstverständlich die Menschen um sich schart, die von ihrem Geist durchdrungen sind.

BERNARD: Es scheint, daß die Pataphysiker, von denen Sie, Satrap Boris Vian, einer der glänzendsten Sprößlinge sind, all ihren Ernst darauf verwenden, nichts ernst zu nehmen. Aber Ihre Lehre ist so subtil und allemal so weitreichend, daß einige ihrer Aspekte uns Laien entgehen. Vielleicht könnten Sie unseren Hörern ein Lichtchen aufgehen lassen über den Grundgedanken der Pataphysik, und niemand ist besser geeignet als Sie, dieses Lichtchen anzuzünden. Wir hören Ihnen mit der größtmöglichen Andacht zu.

VIAN: Hören Sie. Die Pataphysik ist wunderbar definiert von Alfred Jarry in »Taten und Ansichten von Doktor Faustroll«. Ich glaube, daß diese Sendung die gleichen Definitionen wie Jarry geben wird. Um die Dinge ein wenig einfacher zusammenzufassen, kann man sagen: *Die Pataphysik verhält sich zur Metaphysik wie die Metaphysik zur Physik*. Eines der Grundprinzipien der Pataphysik ist übrigens das der Äquivalenz. Das erklärt Ihnen vielleicht unsere Weigerung festzulegen, was ernst und was nicht ernst ist; da es für uns genau dasselbe ist, ist es Pataphysik. Ob man es will oder nicht, immer hat man an der Pataphysik teil.

BERNARD: Ja, ohne es zu wissen?

VIAN: Ohne es zu wissen. Es ist offenbar, daß je mehr die Pataphysik bewußt ist, sie auch desto mehr die unbewußte Pataphysik vertritt, weil die Tatsache, sie selbst erfahren zu wollen ein äußerst pataphysischer Akt ist: und daß man sie ignoriert, ist vielleicht noch mehr pataphysisch, da es freiwillig geschieht ... Wenn Sie es anders resümiert oder ein anderes Prinzip genannt haben wollen, so ist es das Interesse, das die Pataphysiker den Ausnahmen entgegenbringen, mehr als dem Allgemeinfall. Sie wissen, daß Jarry die Gesetze der Physik wie ein Gefüge nicht außergewöhnlicher Ausnahmen betrachtet, und folglich ohne irgendein Interesse: einzig der außergewöhnlichen Ausnahme legt er Bedeutung bei. Übrigens, da gemäß einer anderen Formel die Pataphysik *die* Wissenschaft ist, wissen Sie, daß in der Wissenschaft es nur die Ausnahmen sind, die die erwähnte Wissenschaft weiterbringt. Ich brauche Sie nicht an die Beispiele von Fleming, Pasteur und all jener berühmten Wissenschaftler zu erinnern, damit Sie glauben, daß der größte Teil ...

BERNARD: Jede Entdeckung ergibt sich zufällig ...

VIAN: Jede Entdeckung ergibt sich nicht nur zufällig ...

BERNARD: Sie ist ein Fehltritt!

VIAN: Sie ist kein Fehltritt; es ist der Augenblick, wo der Beobachter eine Regelwidrigkeit bemerkt. Es ist jene Regelwidrigkeit, die uns die Entdeckung ... entdecken läßt, wenn man diesen Pleonasmus verwenden kann ... das ist die Geschichte der Kultur des »penicillum notatum« von Fleming – der, dank Gott – und besonders dank Faustroll ...

BERNARD: Ja. *(Sie sprechen zusammen mit der größten Selbstverständlichkeit)*

VIAN: ... ihm zu Bewußtsein gebracht hat ...

BERNARD: Es schien mir wohl, daß Faustroll eine Rolle gespielt hat bei der Entdeckung des Penicillin, aber Sie tun gut daran, mir das zu erklären. Ich hatte es noch nicht so klar eingesehen ... *(aufs neue zusammen)*

VIAN: Faustroll hat selbstverständlich seine Rolle ...

BERNARD: Selbstverständlich.

VIAN: Der Vater aller Entdeckung.

BERNARD: Erlauben Sie, Boris Vian, Ihnen in der Hitze des Gefechts einige Fragen zu stellen, mit allem Respekt, der Ihrem Ehrenamt gebührt, selbstverständlich. Es gibt einige pataphysische Werke, darunter »Der Monolog des Angestellten«, der auf dem Rücken liegend gelesen werden soll. Warum?

VIAN: Ja natürlich, weil nie jemand an die Menschen gedacht hat, die liegend lesen, und das ist äußerst peinlich – stellen Sie sich z. B. vor, daß es friert – Sie sind gezwungen, beim Lesen beide Hände außerhalb des Bettes zu halten; der »Monolo« von Ferry kann liegend gelesen werden, eine Hand außerhalb, die andere unter der warmen Bettdecke und man kann mit einer Hand abwechselnd umblättern, d. h. abwechselnd nimmt man die rechte und die linke Hand, was bedeutet, daß der Leser von »Monolo« selbst bei eisiger Kälte an den Händen nicht zu frieren braucht.

Ich erlaube mir, ein letztes Wort hinzuzufügen. Es ist nicht nötig, auf komplizierte Dinge zu warten, um die Pataphysik zu finden. Um Ihnen ein persönliches Beispiel zu geben, ich bin mit acht oder neun Jahren auf die Pataphysik gestoßen, als ich ein Stück von Robert de Flers und Caillavet las, das »Das schöne Abenteuer« hieß, das ist wirklich die letzte Stelle, wo man sie erwarten kann, wenn man nicht Pataphysiker ist; aber sie enthielt insbesondere die Replik aus dem Munde von Viktor Boucher, die ich Ihnen geben will, um diese Unterhaltung vorläufig zu beschließen. Ich glaube, daß sie jedermann sehr leicht und sehr schnell zur Pataphysik anregen kann. Das ist sie: »Mit Fleiß denke ich gerne an Dinge, von denen ich denke, daß andere nicht an sie denken«.

BERNARD: Und jetzt wollen wir uns zurückziehen und Boris Vian Henri Salvador in die Pataphysik einweihen lassen.

SALVADOR: Hep! Herr!

VIAN: Wie beliebt?

SALVADOR: *(spricht undeutlich)* ... Erklärungen.

VIAN: Erklärungen zu was?
SALVADOR: *(idem)* die Wissenschaft.
VIAN: Wissenschaft von was?
SALVADOR: *(idem)* ... die Pataphysik.
VIAN: Sie wollen wissen, was Pataphysik ist?
SALVADOR: Ja.
VIAN: Und warum?
SALVADOR: Nun ja, um ... um mich zu unterrichten.
VIAN: Um sich zu unterrichten? Aber welchen Gebrauch wollen Sie von dieser Belehrung machen?
SALVADOR: Welchen Gebrauch ich davon machen will?
VIAN: Ja ...
SALVADOR: Nun ja, keinen. Absolut keinen Gebrauch ...
VIAN: Sie wollen sich ohne Grund in Pataphysik unterrichten?
SALVADOR: Ja, Sie ... Sie sagen es ...
VIAN: Aber Sie sind ja bereits Pataphysiker ...
SALVADOR: *(überrascht)* Ha? Ha!
VIAN: Der Wunsch beweist es, und das Motiv auch.
SALVADOR: Aber welches Motiv?
VIAN: Nun, das *Fehlen* eines Motivs.
SALVADOR: Wie das? Das beweist, daß ich ... ich ...
VIAN: Genau, daß Sie Pataphysiker sind!
SALVADOR: Ah! Ja ... Das würde also heißen ... daß es meine Sache ist, Ihnen zu erklären, was das ist?
VIAN: Ja. Genau.
SALVADOR: Nun ja, zählen Sie nicht auf mich!
VIAN: Strengen Sie sich einmal an!
SALVADOR: Das widerspricht meinen Prinzipien.
VIAN: Schließlich sind Sie doch der Verfasser dieses Werkes. Hier!
SALVADOR: *(lesend)* Opus Pataphysicum, Testament weiland seiner Magnifizenz Doktor Sandomir, zu seinen Lebzeiten Vize-Kurator und Gründer des Collège de Pataphysique. – Hören Sie mal! Sie sehen ja, daß dieser Kerl da gestorben ist!
VIAN: Das ist ein scheinbarer Tod.
SALVADOR: Ach, weil ... weil ... man eines scheinbaren Todes sterben kann.
VIAN: Natürlich, es gibt nichts Geläufigeres!
SALVADOR: Ha! Ha! Auf jeden Fall habe ich dieses Ding da nicht verfaßt.

VIAN: Das ist aber schade . .

SALVADOR: Na gut, lesen wir ein Stückchen: »Tatsächlich wäre es vielleicht von Nachteil, die Pataphysik in dem gemeinen didaktischen Modus zu behandeln, abgesehen davon, daß dieser Modus selbst Gegenstand der Pataphysik ist.«

VIAN: Das ist die Vorrede von Louis Barnier.

SALVADOR: Zugegeben *(lacht)*, sie beginnt gut; mal sehen, lesen wir ein Stückchen weiter, lesen wir ... Hm ... Hm. »So trennt sich die Pataphysik, die sich ihrer nicht unbewußt ist, radikal von derjenigen, die sich ihrer selbst unbewußt ist, ohne sich jedoch im geringsten von ihr zu unterscheiden.« – Oh la la la la! oh!

VIAN: Das erscheint Ihnen unklar?

SALVADOR: Oh, nicht gerade unklar, aber es ist subtil, nicht wahr? *(lachen)*

VIAN: Subtil, Monsieur, war Alfred Jarry!

SALVADOR: Ah? Weil Alfred Jarry ...

VIAN: Genauer Doktor Faustroll der wahre Vater der Pataphysik ist.

SALVADOR: Aber ich meinte, Jarry sei der Vater des Ubu Roi?

VIAN: Das ist das, was alle Welt glaubt, ... ich übrigens auch. Aber lesen Sie hier ...

SALVADOR: Alfred Jarry, Heldentaten und Ansichten des Doktor Faustroll, Pataphysiker. Neowissenschaftlicher Roman, gefolgt von Spekulationen, Paris, oh, oh.

VIAN: 1911, schlagen Sie Seite 21 auf!

SALVADOR: Ah, lesen wir Seite 21. Ja, hier! Hier! Buch II, Elemente der Pataphysik, 8. Definition: *(Neuling und Mystagoge lesen zusammen die herrlichen Seiten.)*

VIAN: Die »Cahiers du Collège de Pataphysique«, die kürzlich ihr Erscheinen eingestellt haben, um den »Dossiers acénonètes« Platz zu machen, erscheinen 4 mal jährlich. Diese Cahiers oder Dossiers des Collège de Pataphysique sind zur Zeit die einzig notwendige und genügende Lektüre, in dem von Zeitungspapier gesättigten Universum. Weil die Pataphysik allem genügt [...]
Zitieren wir noch einmal seine Magnifizenz Doktor Sandomir: »Der Pataphysiker, wenn er in Wahrheit überhaupt keinen Grund hat, eine Moral zu haben, hat jedoch auch

keinen Grund, keine zu haben. Deshalb ist er der Einzige, der ohne den Verfall der Konformisten mitzumachen, ehrlich sein kann. Und in der Tat findet man bei den Pataphysikern die letzten Beispiele vollendeter Arbeit, gesunder und vollständiger Gelehrsamkeit, wissenschaftlich gänzlich uneigennützige Eigenschaften. Unser hervorragender Kollege weiland Doktor Einstein lebte von seiner Wissenschaft; welches Mitglied dieses Collège lebt von der Pataphysik?« Oh?

Die Pataphysik ist die natürliche Nahrung des Pataphysikers, der »gelée royale« des Mannes von der Straße.

1959

Die Pataphysik ist das Ende aller Enden

Erläuterungen des Herausgebers zu 7 von Roger Shattuck formulierten Grundsätzen der Pataphysik

1

Die Pataphysik ist die Wissenschaft von jenem Bereich, der sich jenseits der Metaphysik erstreckt; oder auch: die Pataphysik übersteigt die Metaphysik in dem Maße, wie diese die Physik übersteigt in alle Richtungen ad libitum.

Die Pataphysik ist spekulativ, sie kommt nicht ohne Verallgemeinerungen aus. Pataphysik ist allgemein vorhanden, legt den Kern der Dinge frei und geht, soweit jeder besondere Fall es erlaubt, in die verschiedensten Richtungen über die metaphysische Erkenntnis hinaus. Faustroll, der große pataphysische Wissenschaftler, gibt als erhabenstes Beispiel die Definition von Gott »als kürzester Weg von Null nach unendlich«.

2

Die Pataphysik ist die Wissenschaft des Besonderen, der Gesetze, die die Ausnahmen bestimmen.

Die Gesetze der Physik betrachtet Jarry als ein Gefüge nicht außergewöhnlicher Ausnahmen. Die Pataphysik stützt sich auf die Ausnahmen, die allein die Wissenschaft bestimmen und weiterführen. Die Pataphysik als Wissenschaft wendet sich dem Sonderfall zu, sie interpretiert die Welt als ein Mosaik von Zufällen und Ausnahmen, die sich ineinanderfügen, gemäß den Größenangaben der Pataphysik. Die Regel erweist sich als wertlose Häufung von zufälligen Fakten, »die, da sie sich auf kaum aus dem Rahmen fallende Ausnahmen beschränken, nicht einmal den Reiz der Einmaligkeit besitzen«. Wahre Gesetzmäßigkeit garantiert nur die Pataphysik. Die Definition ist also denkbar einfach: Die Pataphysik ist die Wissenschaft des Besonderen und überhaupt.

3

Die Pataphysik ist die Wissenschaft imaginärer Lösungen.

Da die Pataphysik sich in alle Richtungen ausbreiten kann, von Null nach unendlich, erscheint das Reale auch als imaginär: der Mensch erweist sich als zusammengefügt aus verschiedenen Monstren, aus dissonanten Elementen, weniger fiktiven, als imaginären. »Mach nicht solche Sprünge!« diesen Satz Lautréamonts, der einem einzelnen Haar gilt, das von Gott im Bordell zurückgelassen worden ist, pflegte Jarry gerne zu zitieren. Fiktive Potenz: Jarrys »imaginäre« Lösung ist in diesem Fall der Einbruch eines Riesenphallus in einen Tempel.

4
Im Hinblick auf die Pataphysik ist alles das gleiche.
Alles Tun, alles Nicht-Tun zielt auf Pataphysik, insofern ist alles das gleiche. Aber Nicht-Tun alleine macht noch keine Pataphysik. Dieser Gesichtspunkt ist nicht unerheblich. Auch Pataphysik erfordert Taten.

5
Die Pataphysik ist in ihrem Verhalten unerschütterlich.
In der Tat. Gerade der, der auf den Sinn der Pataphysik dringt, der auf einer Erklärung insistiert, beweist, wie sehr diese Wissenschaft ihn beherrscht, auch unbewußt. Die Pataphysik vertreten, ist ein pataphysischer Akt, sie ignorieren, ist vielleicht noch mehr pataphysisch.

6
Alles ist pataphysisch; dennoch üben nur wenige Menschen die Pataphysik bewußt aus.
Der »bewußte« Pataphysiker wird mit Victor Boucher antworten: »Mit Fleiß denke ich gerne an Dinge, von denen ich annehme, daß andere nicht an sie denken.«

7
Jenseits der Pataphysik ist nichts; sie ist die letzte Instanz.
Die Pataphysik ist das Ende aller Enden. Erste und letzte Instanz. Faustroll stirbt in dem Alter, in dem er geboren wurde.

Anmerkungen

S. 9 *Trauergesänge* und S. 13 *Opium.* Aus Jarrys erstem Buch »Les Minutes de Sable Mémorial«, das 1894 im Verlag des »Mercure de France« erschien. Diese poetischen Prosastücke beschreiben eine imaginäre Welt voller Melancholie und Naturphantastik. Die »Klage des Alrauns« ist das Selbstbekenntnis des noch ganz dem Symbolismus verpflichteten Dichters, der sich weigert, unmittelbar mit der Natur Kontakt aufzunehmen und sich mit der begreifbaren Oberfläche der sichtbaren Welt zu verbrüdern. Stattdessen unternimmt er den Versuch, im Sinne Baudelaires »künstliche Paradiese« zu erkunden. Er tastet sich in die Wurzelzonen der Erde hinab und beleuchtet das magische Dunkel. – Übersetzt von Klaus Völker.

S. 17 *Die drei ausgedienten Wappen des Zauberers.* Aus »Les Minutes de Sable Mémorial«. Die drei Wappen sind Totenschädel, Zauberbuch und Eule.

S. 19 *Wiegenlied des Todes zum Entschlummern.* Aus »Les Minutes de Sable Mémorial«. Erschien zuerst 1893 in »L'Art Littéraire«.

S. 21 *Die Ordnungsmäßigkeit des Totenschreins.* Aus »Les Minutes de Sable Mémorial«.

S. 22 *Tapisserien.* Aus »Les Minutes de Sable Mémorial«. Die drei Gedichte beziehen sich auf Motive des norwegischen Malers Gerhard Munthe (1849–1929), dessen symbolistische Bilder von den nordischen Sagas und Volksliedern inspiriert sind.

S. 25 *Der Mann mit der Axt.* Aus »Les Minutes de Sable Mémorial«. Das Gedicht bezieht sich auf Motive von Bildern Gauguins und ist ihm gewidmet. Jarry schätzte Gauguin als Freund und als Maler, beide verband ihre Herkunft aus der Bretagne und die mythischen Aspekte ihrer Ausdrucksmethode. Zwei weitere, bisher unveröffentlichte Gedichte Jarrys sind ebenfalls von Bildern Gauguins angeregt und nach ihnen benannt: »Manao Tupapau« (Der Geist der Toten) und »Ia Orana Maria« (Gegrüßt seist Du, Maria). Im 17. Kapitel von »Heldentaten und Ansichten des Doktor Faustroll, Pataphysiker« beschreibt Jarry den Maler als König mit Zither und Axt.

S. 25 *Die Sanduhr.* Dieses Gedicht steht am Schluß des Buches »Les Minutes de Sable Mémorial«. Es beschwört noch einmal jenes das ganze Buch durchziehende schwüle Todesklima, das sich im Bild des aufgehängten, weinenden Herzens als Sanduhr mit dem ständig rinnenden Blut verdichtet.
S. 27 *Sonett.* Aus dem Roman »Les Jours et les Nuits«, erschienen 1897 im Verlag des »Mercure de France«.
S. 27 *Ich weiß nicht.* Ebenfalls aus »Les Jours et les Nuits«. Sengle, der Held des Romans, der verschiedene Spaltungen und Spiegelungen seines Ichs durchlebt, erforscht die Untergründe seiner Persönlichkeit und sucht nach dem Bild seines »Bruders Valens«, von dem er nicht weiß, ob er »überhaupt je existiert hatte«: »Und er erinnerte sich auch gar nicht mehr der Züge von Valens, und doch besaß er drei oder vier Fotografien, eine davon gerade noch vom Augenblick der Abreise. Die Augen schweiften in die Weite, und der stumme Mund erinnerte in seiner ungeheuerlichen Verbildung an einen ausgestopften Vogel.«
S. 28 *Madrigal.* Erschien zuerst in der »Revue Blanche« vom 15. Februar 1903, einer zweimal im Monat herausgegebenen illustrierten Literaturrevue, deren ständiger Mitarbeiter Jarry war. Die unter ihrem langjährigen Chefredakteur Alexandre Natanson bedeutende Zeitschrift wurde 1889 von Auguste Jeunehomme und Paul Leclerque gegründet.
S. 28 *Das Bad des Königs.* Erschien zuerst in der »Revue Blanche« vom 15. Februar 1903. Eugène Demolder, dem das Gedicht gewidmet ist, trank oft und gerne mit Jarry. Beide verfaßten zusammen das Libretto zu einer Oper »Pantagruel«, zu der Claude Terrasse die Musik schrieb. Bekanntlich ist Ubu König von Polen und Aragonien.
S. 29 *Der Kettenschmied.* Erschien zuerst in der »Revue Blanche« vom 15. April 1903. – Sämtliche Gedichte wurden von Ludwig Harig übersetzt.
S. 33 *Prolegomena zu Haldernablou.* Einleitung zu dem nachfolgenden Einakter. *Algol,* ein Doppelstern im Sternbild des Perseus, bezeichnet in der Hermetik das Auge des Teufels. – *Lingam,* ein altindisches Phallussymbol, fungiert als Idol Schiwas in Form eines Säulenstumpfes. Es wird als Symbol der Schöpfungskraft oder als deren »gestaltlose Gestalt« gedeutet und ist meist verbunden mit dem weiblichen Gegenstück, der Yoni. – Übersetzt von Anneliese Hager.

S. 36 *Haldernablou.* Der Einakter gehört zu dem Buch »Les Minutes de Sable Mémorial«. Im Mittelpunkt steht die Liebe des Herzogs Haldern zu seinem Pagen Ablou. Die poetisch-makabre Verklärung dieses Liebesverhältnisses geht zurück auf die Beziehungen Jarrys zu seinem jüngeren Schulfreund und Dichterkollegen Léon-Paul Fargue. Das Stück ist sehr stark beeinflußt von Lautréamonts »Die Gesänge des Maldoror«. Lautréamont wird als »mein Freund aus Montevideo« bezeichnet. – *Ixion* war der König der Lapithen. – Thomas *Malthus,* der englische Nationalökonom, warnte vor der Überbevölkerung und forderte eine Geburtenbeschränkung. – *Apega* war die Gemahlin des Tyrannen Nabis von Sparta (200 v. Chr.), der eine seiner Gemahlin nachgebildete »eiserne Jungfrau« besaß, die alle Bürger, die keinen Tribut zahlen wollten, liebevoll umarmte und mit ihren Stacheln durchbohrte, wenn sie nicht rechtzeitig doch noch Geld herausrückten. In Nürnberg ist eine eiserne Jungfrau, eine innen mit Eisenspitzen ausgestattete Figur, die im Mittelalter als Folterinstrument benutzt wurde, auf der Burg ausgestellt. – Übersetzt von Anneliese Hager.

S. 54 *Der Alte vom Berge.* Erschien zuerst in der »Revue Blanche« vom 1. Mai 1896. Es war die erste Publikation Jarrys in dieser Zeitschrift, die durch Empfehlung von Felix Fénéon zustandekam. Er hatte Jarry geschrieben, er solle der »Revue Blanche« etwas schicken, das ihm sehr am Herzen läge und (fürs erste) doch nicht allzu abstrus sei. Die dramatisierte Erzählung wurde später Bestandteil der Novellensammlung »L'Amour en Visites«, die 1898 erschien. Hier hat sie den Titel »Im Paradies oder Der Alte vom Berge« (Fünf schematische Akte). Henri de Régnier erwähnt in seinen »Proses Datées«, 1925, ein von Villiers de L'Isle-Adam angefangenes Werk gleichen Namens, das unvollendet blieb.

Raymond Queneau schrieb zu einer in Genf 1957 erschienenen Neuausgabe des »Alten vom Berge«: »In der Tat finden wir hier alles, wofür Jarry eine große Vorliebe hatte. Die Schematisierung des Theaters und das abrupte Spiel der Marionetten; die Buntheit der Farbstiche und ihre eisige Grimmigkeit; das Mittelalter und der künstliche Orient der Legenden; bunt durcheinander gewürfelt die Geographie Marco Polos und Herodots; die poetische Gelehrsamkeit; die

Fechtkunst und ihre symbolisch-abweichende Deutung; die verliebten Torheiten und ihre ›märchenhafte‹ Illusionskraft... Vor allem aber der immer wieder mit Beharrlichkeit unternommene Abstecher in die imaginären Universums: es ist das Hauptthema dieses Stückes und damit ist ›Der Alte vom Berge‹ das Bindeglied zwischen ›Cäsar-Antichrist‹ und ›Faustroll‹. Die Wahl des Heldengedichts der Assassine ist an sich bereits bezeichnend. Es wäre unwahrscheinlich gewesen, wenn Jarry sich nicht mit dieser außergewöhnlichen Episode der Weltgeschichte eingehend befaßt hätte. Die platonische Philosophie ging hier im Rahmen des Islams eine Verbindung ein mit dem zügellosesten Zynismus, die Technik des Mordes wurde ausgeglichen durch eine Ökonomie an Menschenleben, die kein Staatsmann durch Philanthropie je zu erreichen vermocht hat, und der maßloseste persönliche Machtwille fand mittels des abstrakten Charakters eines Ordens seine Bestätigung und zugleich seine Aufhebung. Jarry brauchte zur Verwirklichung seines Plans die ungeheure Legende, mit der diese Reichen sich umgeben hatten, nicht von der Geschichte zu trennen. Sie entsprach jener mittelalterlichen und imaginären, den pikanten Anachronismen gedeihlichen Atmosphäre, in der er seine lächerlichen und blutrünstigen Hampelmänner ansiedelt. Seine ganze Geschicklichkeit zeigte er jedoch darin, daß er die geschichtliche Person des Hasan ibn Sabbah tunlichst aus dem Spiel ließ, denn die wahre Geschichte des Schöpfers dieser unentwirrbar realen und mythischen Ausstrahlung, die von Alamut, dem ›Adlernest‹ ausging, übertrifft noch bei weitem die Legende, und es ist unvorsichtig, solchen Personen das Wort zu erteilen. Der Kniff bestand also darin, einen Sohn zu wählen und zwar einen abstrakten und rein imaginären, da Hasan seinen eigenen Sohn, den er wegen Disziplinlosigkeit hatte hinrichten lassen, nicht zum Nachfolger haben konnte. Daß ein Scheich vom Berge seinen Vater tötete, geschieht erst viel später.« – Übersetzt von Eugen Helmlé.

S. 66 *Die andere Alkestis.* Erschien zuerst in der »Revue Blanche« vom 15. Oktober 1896. In diesem Drama in fünf Erzählungen werden Motive der griechischen Sage und Biblisches kühn vermischt und um die drei Hauptmotive, Seelenhandel, Höllenfahrt und Höllenkampf, gruppiert. In ihrer Monographie über Alfred Jarry schreibt Carola Giedion-

Welcker über dieses Werk: »Der biblischen Balkis wird die Rolle der Alkestis übertragen, König Salomon die des Admetes. Gleiche Geschehnisse spiegeln sich in anderen Personen, Räumen und Zeiten wie, um sich in Abwandlungen zu wiederholen. Wie bei Joyce, kreist die Geschichte der Menschheit um wenige Grundepisoden, in verschiedenen Nuancen immer wieder um die gleichen Pole, nur die Schattierung ist jedesmal eine andere geworden. Dazu kommt die subjektive Veränderung, die Jarry an der Abwicklung des Themas vornimmt, um ihm wieder seinen speziell grotesken Stempel aufzudrücken. So wird das Seelenopfer der Königin Balkis, die auch hier für den Gatten Salomon in die Unterwelt steigen will, von diesem abgelehnt, ›da die Seele einer Frau der eines Propheten niemals gleichkommen kann‹. Die Seelenwaage gerät also durch Jarrys misogene Einstellung aus dem Gleichgewicht. Da der Tempel Salomons aber nur zu Ende gebaut werden kann, wenn der tote König, hinter einer Kristallwand sichtbar, einen arbeitanregenden ›acte de presence‹ leistet, wird die raubende Todes-Hand des Fährmanns Doppelhand durch ein gültigeres Unterweltspfand als Balkis, durch den Königssohn Roboam abgewendet und das Ringen des Jünglings mit dem Höllenmonstrum in Szene gesetzt. Ein Zweikampf wird in allen Einzelheiten ausgefochten und in grotesker Aufmachung dargeboten, indem Jarry seine spezielle Erfahrung in der Fechtkunst – seit der Jugend eine seiner großen Leidenschaften – ins Düster-Unterweltliche umbiegt. Das nach dem Tode noch ›leibhafte‹ Teilnehmen am gegenwärtigen Geschehen, welches der verstorbene König Salomon noch in seinem Pseudo-Dasein vollzieht, spielt später im ›Surmâle‹, beim toten Tandem-Fahrer, eine ebenso makabre wie zum Endsieg beitragende Rolle wie hier. Die düstere und trügerische Phantasmagorie wird dann vollends zur Satire umgebogen, wenn der Held, Erbrand de Sacqueville im letzten Roman Jarrys, ›La Dragonne‹, in seinem grünen Mimikri-Regenmantel, einer Art Tarnkappe, als Zivilist die Schlacht von Morsang entfacht und lenkt, in der gleichen Haltung wie König Salomon auf seinen säbelartigen Stock gestützt.« – Übersetzt von Eugen Helmlé.

S. 77 *Elsaß-Lothringen und die augenblickliche Stimmung.* Jarrys Antwort auf die Umfrage erschien im Dezember 1897 im »Mercure de France«. Jarrys antipatriotische, in ihrem

Kern eher verspielte als dezidiert politische Stellungnahme wirkte in der damals überhitzten chauvinistischen Atmosphäre äußerst provozierend. – Übersetzt von Eugen Helmlé.

S. 78 *Nützliche Kenntnisse*. Erschien zuerst im »Almanach du Père Ubu illustré«, Paris 1899. – Übersetzt von Klaus Völker.

S. 79 *Gerhart Hauptmann*. Das Portrait erschien in der »Revue Blanche« vom 1. April 1901. Hauptmanns »Einsame Menschen« hatte Jarry bereits 1894, anläßlich der Aufführung im Théâtre de l'Oeuvre, in der Zeitschrift »L'Art Littéraire« gewürdigt. – Übersetzt von Klaus Völker.

S. 80 *Das Gehirn des Schutzmanns*. Erschien zuerst in der »Revue Blanche« vom 15. Februar 1901. *La rousse* ist ein französischer Argotausdruck für Polizei. – Übersetzt von Eugen Helmlé.

S. 82 *Wie wir Bekanntschaft mit der Königin Wilhelmine machten*. Erschien ebenfalls in der »Revue Blanche« vom 15. Februar 1901. – Übersetzt von Eugen Helmlé.

S. 83 *Eisenbahnunfälle*. Erschien zuerst in der »Revue Blanche« vom 15. April 1901. – Übersetzt von Eugen Helmlé.

S. 83 *Experimentelle Psychologie des Gendarmen*. Erschien zuerst in der »Revue Blanche« vom 1. September 1901. – Übersetzt von Eugen Helmlé.

S. 85 *Anthropophagie*. Erschien zuerst in der »Revue Blanche« vom 1. März 1902. – Die erwähnte Königin *Pomaré* (1822–1877) herrschte in Tahiti und war den ihr Land heimsuchenden englischen und französischen Missionaren wenig freundlich gesinnt. – Die 1841 gegründete Tageszeitung *»La Patrie«* war immer ein ziemlich konservatives Blatt, zeitweise galt sie als halboffizielle Regierungszeitung. Besitzer und Redakteure wechselten sehr oft. Um 1900 war »La Patrie« ein militant nationalistisches Organ. – Übersetzt von Eugen Helmlé.

S. 88 *Die Passion als Bergrennen*. Erschien zuerst in der satirischen Zeitschrift »Le Canard Sauvage« vom 11.–17. April 1903. – Justus *Lipsius* (1547–1606) war Rat und Historiograph des Königs von Spanien, galt als großer Liebhaber von Gärten und Hunden. – *Justinus* war einer der Apologeten, erlitt um 165 in Rom den Märtyrertod. – Jacobus *Bosius* lebte im 16. Jahrhundert und schrieb als Ritter des Ordens St. Johannis von Jerusalem eine lateinische Historie vom

Kreuze Christi: »Crux triumphans et gloriosa«. – Erycius *Puteanus* (oder van der Putten) war ein holländischer Historiker (1574–1646), wie Lipsius Historiograph in Diensten des spanischen Königs. – Cornelius *Curtius* (1590–1637) war ein Augustinermönch aus Brüssel, Provinzial seines Ordens in den Niederlanden sowie Kaiserl. Rat und Historiograph. – Übersetzt von Eugen Helmlé. (Abdruck der Übersetzung mit freundl. Genehmigung des Verlags Rogner & Bernhard.)

S. 90 *Kopulativ gesprochen.* Erschien zuerst in »Le Canard Sauvage« vom 5.–11. Juli 1903. Jarry setzt sich in diesem Beitrag satirisch mit den damals in Frankreich, das gegen Ende des vorigen Jahrhunderts einen starken Bevölkerungsrückgang zu verzeichnen hatte, gestarteten Wiederbevölkerungskampagnen auseinander. Angespielt wird auf die Aktivitäten und Publikationen des französischen Politikers Edme *Piot* (1828–1909), der die Bildung einer außerparlamentarischen Kommission angeregt hatte, die sich mit der Frage der Depopulation beschäftigte. Piot veröffentlichte die Bücher »La Question de la dépopulation en France. Le mal, ses causes, ses remèdes« (1900) und »La dépopulation« (1902). – Thomas *Malthus,* der damals in Europa viele Anhänger hatte, empfahl eine Geburtenregelung und riet den Ehepaaren zu moralischer »restriction«. – Übersetzt von Klaus Völker.

S. 94 *Die Existenz des Papstes.* Erschien zuerst in »Le Canard Sauvage« vom 19.–25. Juli 1903. Papst *Leo XIII.* schaltete sich mehrfach in die europäische Politik ein, um sein Hauptziel zu erreichen, die Wiederherstellung des Kirchenstaates. Er starb im Juli 1903. In Frankreich hatte er mit den republikanisch gesinnten Kirchenfeinden gegen die kirchentreuen Monarchisten paktiert. Er gilt allgemein als einer der größten Päpste. Stefan George, beeindruckt von seinem Auftreten, nannte Leo XIII. »ein Vorbild erhabenen Prunks und göttlicher Verwaltung«. – *Pasquino* ist eine antike Marmorgruppe, die im 16. Jahrhundert in Rom ausgegraben und vor dem Palazzo Braschi aufgestellt wurde, so benannt nach einem in der Nähe wohnenden Schuster Pasquino, der durch seine satirischen Angriffe auf Päpste und Kardinäle bekannt war. Die Statue diente zum Ankleben von herausfordernden Fragen und Spottgedichten. – *Marforio* ist eine Marmorstatue, einen kolossalen Flußgott darstellend, mit einer Muschel in der Hand, die dem Carcer Mamertimus gegenüber in der Via di Marforio in Rom aufgestellt war, wo sie zum Anheften beißender Antworten auf Pasquinos Fragen, auf die an der Pasquino-Statue angebrachten Zettel, diente. – *Clavus* ist ein Purpurstreifen, der in die römische Tunica, später auch in Tisch- und Mundtücher sowie in Kardinalsgewänder eingewebt wurde. Aber auch eine Hornhautvermehrung nennt man Clavus, so daß die Vermutung naheliegt, daß Jarry auf die Hühneraugen der Kardinalsversammlung anspielen wollte. Oder Jarry wollte lediglich darauf aufmerksam machen, daß die in Klausur tagenden Kardinäle Schlüssel haben. – Übersetzt von Klaus Völker.

S. 96 *Das Volksauto.* Erschien zuerst in »Le Canard Sauvage« vom 23.–29. August 1903. – *Zborowski* ist der Name einer protestantischen Familie polnischer Magnaten, die im 16. Jahrhundert eine bedeutende Rolle spielte. – Übersetzt von Klaus Völker.

S. 99 *Die Jungfrau mit Manneken-Pis.* Erschien zuerst in »Le Canard Sauvage« vom 13.–19. September 1903. – *L'Abbé Prout,* der Schnapspriester, ist die Hauptfigur eines Puppentheaterstücks gleichen Titels von Paul Ranson. Jarry hatte die Buchausgabe dieses Stücks in der »Revue Blanche« vom 15. Dezember 1902 besprochen. – Übersetzt von Klaus Völker.

S. 105 *Definition.* Alfred Jarrys Roman »Heldentaten und Ansichten des Doktor Faustroll, Pataphysiker«, dem dieser Abschnitt entnommen ist, entstand 1898, wurde aber erst posthum 1911 im Verlag Fasquelle veröffentlicht. In einer der beiden erhaltenen Handschriften des Romans, dem Manuskript Lormel, findet sich am Schluß folgende Anmerkung Jarrys: »Dieses Buch wird erst dann vollständig publiziert werden, wenn der Autor genügend Erfahrungen gesammelt hat, die es ihm möglich machen, alle Schönheiten des Textes voll auszukosten.« – (Die deutsche Ausgabe des Romans erschien, übersetzt von Irmgard Hartig und Klaus Völker, im Gerhardt-Verlag, Berlin 1968.)

S. 106 *Gedichte und Euphorismen* von Julien Torma (1902–1933). Der erste Gedichtband dieses Einzelgängers im Umkreis des Dadaismus und Surrealismus, »La Lampe Obscure« (1920), entstand noch ganz unter dem Einfluß von Max Jacob. Das travestierte religiöse Erlebnis, die bis zur Blasphemie gesteigerte mystische Versenkung erschienen damals vielen Dichtern als verlockende Abenteuer. Hans Arp etwa gestand in seinen Erinnerungen: »Der strahlende Glanz der mystischen Dichtung zog uns an, in denen der Mensch von Freuden und Leiden befreit wird. Es war der ›unbekümmerte Grund‹, wie Tauler ihn nannte, nach dem wir uns sehnten.« Torma versuchte dann, dem mystischen Sog zu entrinnen und entdeckte die pataphysische Welt Jarrys. Außerdem beschäftigte er sich mit Nostradamus und alchemistischen Lehren. Nach einem weiteren Gedichtband »Le Grand Troche« (1925), der Tragödie »Coupures« (1926) und dem (posthum veröffentlichten) Drama »Le Bétrou« erschien als letztes Buch Euphorismes« (1926), ein poetischer Index. Mit einem langen Gedicht »Der Krawall«, das er 1927 an Robert Desnos schickte, verabschiedete er sich von der Literatur. Er beklagte die allgemein zu beobachtende Erstarrung der Sprache in den Texten der Surrealisten und Dadaisten. Deren »schwarzgefärbtem Weltgeist« (Arp) zog er die Diesseitigkeit der Pataphysik vor. Fortan schrieb er nichts mehr, sondern reiste als Gelegenheitsarbeiter quer durch Europa. Zuletzt hatte er eine Hauslehrerstelle in Tirol. Von einer Bergwanderung, die er allein unternahm, kehrte er im Februar 1933 nicht mehr zurück. – »Hiobs Antwort«, »Kataphrase des 90. Psalms«, »Kataphrase des 95. Psalms«, »Hohelied Salomonis« und »Der Eine« sind dem Band »La Lampe Obscure«, Paris 1920, entnommen; die Gedichte »Weltgeschichte«, »Astrobiologie« und »Ohne Angabe der Adresse« der Sammlung »Le Grand Troche«, Paris 1925; »Jericho« (1926) erschien in Nr. 7 der Cahiers du Collège de Pataphysique. – Der in einem der Euphorismen zitierte *Achras* ist eine Figur aus »Ubu Cocu«, und *Backenbuckel* ist der »Famulus« von Doktor Faustroll, sein ständiger, nicht sehr gesprächiger Begleiter im As. – Übersetzt von Klaus Völker.

S. 113 *Medizinische Chronik* von René Daumal (1908–1944). Abseits von der lautstarken Surrealistenbewegung in Paris um 1924 schrieben der sechzehnjährige Daumal und sein Freund Roger Gilbert-Lecomte kleine an Jarry angelehnte Pennälerstücke. Daumal führte in jenen Jahren einen angeregten Briefwechsel mit Julien Torma. Hauptthema ihrer Korrespondenz war das Werk Jarrys, besonders dessen wissenschaftliche Lehre von der Pataphysik. Torma strebte die absolute Verwirklichung der pataphysischen Idee an, er warf dem Freund die Errichtung einer metaphysischen Glaubensfassade hinter der Pataphysik vor: »Es gibt keine letzte Realität. Du hast noch Krücken. Ich werfe die Droge niemanden vor, aber das ist ein Halt.« Daumal dachte an eine Vereinigung von Mystik und Pataphysik. So pries er »den unintelligenten Ballast der Seele, die schwarze Klarheit, die ein für allemal die bleichen Nebel aufhellt«, in Tormas Gedichtsammlung »La Lampe Obscure«. In der mystischen Versenkung fand Daumal den Weg zur Dichtung. Sein schriftstellerisches Tun verstand er als Suche nach einer höheren Form von Wahrheit. »Schreiben«, meinte er in einem Brief an einen Kritiker, »ist für mich eine Tätigkeit voller Gefahren: nämlich sagen, was ich weiß, nicht mehr und nicht weniger. Beinahe ein akrobatischer Akt, zwischen den beiden, den Schriftsteller bedrohenden Versuchungen auf dem ohnehin nur schmalen Weg zu bleiben: links die Versuchung der Faulheit (nur sagen, was sich bequem sagen läßt), und rechts die Versuchung der Lüge (von Dingen reden, die ich höchstens über den Intellekt, aber nicht als erfahrene und in Wahrheit kenne).« Dichtung betrachtete Daumal als Lehre zur Rehabilitierung des Menschen. Über die intellektuelle Erfahrbarkeit hinaus bestand er auf der lebendigen Erfahrung seiner Lehre. Um Grenzbereiche des Lebens kennenzulernen, unternahm er am eigenen Körper eine Reihe von kontrollierten Selbstmordversuchen durch Einatmen giftiger Dämpfe. Übersetzungen aus dem Sanskrit und philosophische Arbeiten ergänzten literarisch die körperlichen Experimente. Daumal, auf der Flucht vor den Nazis quer durch Frankreich reisend, kehrte 1944 nach Paris zurück und starb hier an Tuberkulose. In deutscher Übersetzung erschien sein letzter, Fragment gebliebener Roman »Der Analog« (Karl Rauch-Verlag, Düsseldorf 1964). – Die »Medizinische Chronik« erschien in »Petit Théâtre«, ein Band mit Minidramen und Szenen von René Daumal und Roger Gilbert-Lecomte. Collège de Pataphysique, Paris 1956. – Übersetzt von Klaus Völker.

S. 115 *Sobald der Geist.* Raymond Queneau ist Satrap des Collège de Pataphysique. »Lorsque l'esprit« entstand 1929 und erschien als interne Publikation in der Collection Q des Collège de Pataphysique, Paris 1955. Die Übersetzung von

Ludwig Harig und Eugen Helmlé erschien zuerst in der Zeitschrift »Eröffnungen«, Nr. 16, Wien 1965.

S. 118 *Die Feuerwehr* und S. 121 *Doktor Schweitzer.* Auch Boris Vian (1920–1959) war Satrap des Collège de Pataphysique und schrieb seine zahlreichen Romane, Theaterstücke und über 400 Chansons im Geiste der Wissenschaft Doktor Faustrolls. »Die Feuerwehr« erschien zuerst im »Combat« am 15. August 1948. Diese Erzählung und die Verse über Albert Schweitzer, die Vian zu Karikaturen von Siné geschrieben hat, sind in dem ausschließlich seinem Leben und Werk gewidmeten Dossier 12 des Collège de Pataphysique enthalten. Übersetzt von Klaus Völker.

S. 122 *Feierliche Antrittsrede seiner Magnifizenz Doktor Sandomir.* Der Vize-Kurator und Gründer des Collège de Pataphysique hielt seine Antrittsrede am 4. Januar 1949. Der eigentliche Leiter des Collège ist Doktor Faustroll. Der Text der Rede erschien in dem Band »Opus Pataphysicum. Testament de Sa Feue Magnificence le Docteur I. L. Sandomir ... précédé de ses autres Oeuvres Pataphysiques«, Paris 1959. Deutsch zuerst in: »Was ist Pataphysik?«, Offenbach 1959.

S. 126 *Gespräch über Pataphysik.* Dieser Text ist das vom Collège für Dossier Nr. 12 redigierte Tonbandprotokoll einer Rundfunksendung, in der der Reporter Marc Bernard Boris Vian und den Chansonnier Henri Salvador interviewte. Das Interview wurde am 25. Mai 1959 gesendet. – Ihre Magnifizenz Dr. Sandomir starb 1957. Nach einer im Statut des Collège verfügten Trauerzeit von zwei Jahren wurde am 11. Juni 1959 das neue irdische Oberhaupt gewählt: Jean Mollet, dem einst Apollinaire, dessen Sekretär er war, den Titel Baron verliehen hatte. Baron Mollet starb 1964. Seit 1966 ist seine Magnifizenz Opach Vize-Kurator des Collège. – Während die »Cahiers du Collège de Pataphysique« durch »Dossiers« ersetzt wurden, wurden diese wiederum inzwischen von einer dritten Publikationsserie abgelöst, den »Subsidia Pataphysiqua«. – Jean Ferrys »Monolo« bzw. »Monologue de l'Employé« erschien 1957 als interne Publikation des Collège de Pataphysique. – Übersetzt von Klaus Völker.

S. 133 *Die Pataphysik ist das Ende aller Enden.* Diese Erläuterungen zu 7 von Roger Shattuck formulierten Grundsätzen der Pataphysik (siehe »Au Seuil de la Pataphysique«. Collège de Pataphysique. Paris 1963) gab der Herausgeber 1967 für eine von Ludwig Harig und Eugen Helmlé zusammengestellte Sendung des Saarländischen Rundfunks.

Nachbemerkung des Herausgebers

Alfred Jarrys groteske Ubuaden, seine beiden kurios satirischen Romane »Messalina« und »Der Supermann«, die Apollinaire veranlaßten, in dem Autor den »letzten sublimen Wüstling der Renaissance« zu sehen, sowie sein glanzvolles Hauptwerk »Heldentaten und Ansichten des Doktor Faustroll, Pataphysiker« liegen inzwischen in deutscher Übersetzung vor. Neben diesen Bekundungen eines bizarren Humors und überspitzter Phantastik zeichnen sich andere Werke Jarrys durch einen mehr lyrischen und magischen Stil aus; sie zeugen von seinem intensiven und verzweifelten Bemühen um die Erneuerung der menschlichen Empfindsamkeit.

Die vorliegende Auswahl von Gedichten, Dramen und Prosa ist ein Versuch, die Zusammenhänge von den beiden, auf den ersten Blick sehr weit auseinander liegenden Aspekten im Werk Jarrys, den einerseits visionären und den andererseits humoristischen, aufzuzeigen, denn trotz aller Verschiedenheit und seltsamen Widersprüchlichkeit kann dieses Werk nur als ein Ganzes genommen werden. »Wenn man seine Schriften sorgfältig und aufgeschlossen liest«, schreibt Roger Shattuck über Jarry in seinem Buch »Die Belle Epoque«, »zerfallen sie nicht in zwei Hälften. Im Gegenteil, sie weichen immer und ständig von der Geraden ab, wechseln von Vulgarität über zu subtiler Ironie, Empfindung, metaphysischer Spekulation, Blasphemie und Anarchie – und kehren dann, den Kreis vollendend, zur Vulgarität zurück.«

Ein großer Teil der in diesem Band enthaltenen Beiträge gehört zu Jarrys erstem Buch »Les Minutes de Sable Mémorial«, einer Zusammenstellung von lyrischen, prosaischen und dramatischen Texten, die in den Bereich »künstlicher Paradiese« führen. Einer unzulänglichen und bedrohlichen Außenwelt wird eine fiktive und traumverwobene Innenwelt gegenübergestellt. Während Jarry sich in dem Einakter »Haldernablou« noch an der homoerotischen Beziehung zu seinem Freund Léon-Paul Fargue berauschen kann, ist in »Les Jours et les Nuits«, seinem »persönlichsten« Roman, jede Art von Liebe in den Bereich des Träumens verwiesen: nur Träume können Sengle, den einsamen und isolierten Helden, aus dem Gefängnis des Militärlebens befreien, und in ihnen entdeckt er die Liebe zu Valens, »als ob er Haschisch genommen hätte«. Die Sehnsucht nach Liebe verbindet sich mit den Zeichen des Todes. »Les Minutes de Sable Mémorial« (»Minutengläser mit Gedächtnissand«) ist eine Art Stundenbuch: der heraldische Sinn von *Sable* ist der schwarze Grund des Todes. Der in wenigen Minuten verrinnende Sand beschwört Erinnerungen herauf und macht alles Vergängliche umso spürbarer. Das Herz kann nicht mehr schlagen, denn es ist ja die gläserne Minutenuhr, durch die der Gedächtnissand rinnt.

Das Drama »Der Alte vom Berge« und die dramatische Erzählung »Die andere Alkestis«, beide Texte übernahm Jarry 1897 in seine Novellensammlung »L'Amour en Visites«, leiten über zu jenen mehr unter den Vorzeichen der pataphysischen Wissenschaft konzipierten Schriften. »L'Amour en Visites« ist eine Vorform des Romans »L'Amour absolu« und berichtet von teilweise sehr pikanten, aber zugleich auch abgründigen Abenteuern des Herzens. Mit dem »Alten vom Berge« hat Jarry, wie Raymond Queneau bewundernd konstatiert hat, »ein phantastisches historisches Universum« geschaffen, in dem sich verschiedene Zeiten, Räume und Kulturen durchdringen.

Die Wissenschaft von der Pataphysik schließlich ist die Konkretisierung des Ubuismus, dem Jarry bereits als Pennäler gehuldigt hat. In ihr manifestiert sich das Zusammenspiel von ungebundener Phantasie und wissenschaftlicher Akribie, das sämtliche Arbeiten des Dichters bestimmt. Auch seine kritischen Schriften, seine journalistischen Arbeiten, Rezensionen und Glossen belegen das; sie ergänzen nicht nur den spekulativen Charakter seiner dichterischen Visionen, sondern beweisen auch, daß ihm an einer durchaus kritischen Analyse des Welt- und Naturgeschehens gelegen war. Jarry beschränkt sich hier selten auf Aperçus zu Personen und Vorfällen seiner Zeit, er berührt vielmehr kommentierend die Konsequenzen von gewissen Ereignissen und Erfindungen für die Zukunft. Die Artikel handeln von Politik, Justiz, Technik, Sport, Zirkus, Religion und Mode, und dabei weiß Jarry die ephemeren, die von den Zeitgenossen überbewerteten Ereignisse von den bleibenden und konstruktiven zu trennen.

»Spekulationen«, wie er diese Arbeiten nannte, schrieb er

hauptsächlich von 1897–1903. Eine Reihe von Artikeln stellte er auch unter den Titeln »Gestes« und »Le Périple de la Littérature et de l'Art« zusammen. Sie erschienen zunächst in den laufenden Jahrgängen des »Mercure de France« und in der »Revue Blanche«, später in »Le Canard Sauvage«, in »La Plume« und in »L'Oeil«.
Der Anhang »Was ist Pataphysik?« erläutert an Hand einiger grundlegender Texte von Jarry sowie Autoren, die von ihm gelernt haben und sich seinem Werk verpflichtet fühlen, die Merkmale und Eigentümlichkeiten jener Wissenschaft imaginärer Lösungen. Das Collège de Pataphysique, das 1949 in Paris gegründet wurde und das u. a. Raymond Queneau, Jacques Prévert, Jean Dubuffet, Max Ernst, Marcel Duchamp zu Satrapen gewählt hat, kümmert sich um die theoretische Aufarbeitung der Pataphysik. Die Mitglieder des Collège wollen mit ihrer Arbeit das bewußt machen, was andere Leute nur unbewußt tun.
Die Texte Jarrys in diesem Band wurden nach folgenden französischen Ausgaben übersetzt: *Les Minutes de Sable Mémorial.* Fasquelle Editeurs. Paris 1932. / *L'Amour absolu,* précédé de *Le Vieux de la Montagne* et de *L'Autre Alceste.* Mercure de France. Paris 1964. / *La Chandelle Verte.* Edition établie et présentée par Maurice Saillet. Le Livre de Poche. Paris 1969. / *Tout Ubu.* Edition établie par Maurice Saillet. Le Livre de Poche. Paris 1962. – Für Anhang und Anmerkungen wurden die Periodika und internen Publikationen des Collége de Pataphysique benutzt. Herausgeber und Verlag danken dem Collège für die Genehmigung zum Abdruck der Texte im Anhang, dem Verlag Pauvert für »Les Pompiers« von Boris Vian und dem Verlag Gallimard für »Chronique Médicale« von René Daumal.

Reihe Hanser

1 Elias Canetti: *Die Stimmen von Marrakesch.* Aufzeichnungen nach einer Reise.
2 Régis Debray: *Die Grenze/Ein gewiefter Bursche.* Erzählungen.
3 *Marx-Chronik.* Zusammengestellt von Maximilien Rubel.
4 Dimitrij Lichatschow: *Nach dem Formalismus.*
5 Erich Fried: *Zeitfragen.* Gedichte.
6 Max Stirner: *Der Einzige und sein Eigentum und andere Schriften.* Hrsg. von Hans G Helms.
7 Reinhard Lettau: *Feinde.*
8 Tadeusz Różewicz: *Entblößung:* Erzählung.
9 *Richtlinien und Anschläge.* Materialien zur Kritik der repressiven Gesellschaft. Hrsg. von Albrecht Goeschel.
10 Stanislaw Jerzy Lec: *Letzte unfrisierte Gedanken.*
11 Günter Kunert: *Die Beerdigung findet in aller Stille statt.* Erzählungen.
12 *Kritik – von wem / für wen / wie?* Hrsg. von Peter Hamm.
13 Jerzy Szaniawski: *Professor Tutkas Geschichten.*
14 Reinhard Kühnl: *Deutschland zwischen Demokratie und Faschismus.*
15 Wolf Wondratschek: *Früher begann der Tag mit einer Schußwunde.*
16 *Das Denken von Sade.* Aufsätze von R. Barthes, H. Damisch, P. Klossowski, Ph. Sollers und M. Tort.
17 Miroslav Holub: *Obwohl . . .* Gedichte.
18 Joachim Schickel: *China: Die Revolution der Literatur.*
19 Lars Gustafsson: *Der eigentliche Bericht über Herrn Arenander.* Roman.
20 Paul Jacobs / Saul Landau: *Die Neue Linke in den USA.*
21 Gabriel Laub: *Verärgerte Logik.* Aphorismen.
22 Barbara König: *Spielerei bei Tage.* Erzählungen.
23 Elias Canetti: *Der andere Prozeß.* Kafkas Briefe an Felice.
24 Allen Ginsberg: *Planet News.* Gedichte.
25 Petr Kropotkin: *Die Eroberung des Brotes und andere Schriften.* Hrsg. von Hans G Helms.
26 Salvador Elizondo: *Farabeuf oder die Chronik eines Augenblicks.* Roman.
27 Hans Heinz Holz: *Widerspruch in China.* Politisch-philosophische Erläuterungen zu Mao Tse-tung.
28 *Musik auf der Flucht vor sich selbst.* Hrsg. von Ulrich Dibelius.
29 *Ansichten einer künftigen Germanistik.* Hrsg. von Jürgen Kolbe.
30 Uwe Brandner: *Drei Uhr Angst.* Roman.
31 Michail Bachtin: *Literatur und Karneval.* Zur Romantheorie und Lachkultur.
33 Günter Kunert: *Warnung vor Spiegeln.* Gedichte.
34 Guntram Vesper: *Kiregerdenkmal ganz hinten.* Prosa.
35 Günter Bruno Fuchs: *Handbuch für Einwohner.*
36 Johann Benjamin Erhard: *Über das Recht des Volks zu einer Revolution und andere Schriften.* Hrsg. von Hellmut G. Haasis.
37 Karel Michal: *Gespenster für den Alltag.* Geschichten.
38 Horst Bienek: *Bakunin, eine Invention.*
39 Uwe Herms: *Ein Liebesfall.* Roman.
40 Karl Heinz Bohrer: *Die gefährdete Phantasie, oder Surrealismus und Terror.*
41 Svetozar Stojanović: *Kritik und Zukunft des Sozialismus.*
42 *Guerrilleros, Partisanen.* Theorie und Praxis. Hrsg. von Joachim Schickel.
43 Alfred Jarry: *König Ubu, Ubu Hahnrei, Ubu in Ketten.*
44 Wolf Wondratschek: *Ein Bauer zeugt mit einer Bäuerin einen Bauernjungen, der unbedingt Knecht werden will.*